Luis Alegre

Lob der Homosexualität

Aus dem Spanischen
von Thomas Schultz

C.H.Beck

© für die deutsche Ausgabe: Verlag C.H.Beck oHG,
München 2019
(vermittelt durch Zarana Agencia Literaria, Barcelona)
Satz: C.H.Beck.Media.Solutions, Nördlingen
Druck und Bindung: Pustet, Regensburg
Umschlagentwurf: Rothfos & Gabler, Hamburg
Umschlagabbildung: Joanna Gniady/2 Agenten, Berlin
Printed in Germany
ISBN 978 3 406 73668 1

www.chbeck.de

Inhalt

Anmerkung zur inklusiven Sprache   9

Warum dieses Buch?   11

1. Einleitung   15

2. Das Natürliche und das Konstruierte
   (Natur und Performativität)   21

3. Die kreative Freiheit   73

4. Verkünder einer besseren Welt   153

5. G, L, B, H, T, I, Q …
   und das Ende der Heterosexualität   181

Anmerkungen   217

Für Álvaro,
Maßstab und Modell für eine bessere Welt

Anmerkung zur inklusiven Sprache

Ziel der inklusiven Sprache ist nicht, die Ungerechtigkeiten zum Verschwinden zu bringen, sondern sie ganz im Gegenteil in Erscheinung treten zu lassen. In diesem Text wäre es sehr schwierig (vielleicht unmöglich) gewesen, diese Strategie angemessen anzuwenden. Wenn ich «wir» sage, weiß ich selber in den meisten Fällen nicht, ob ich alle Homosexuellen – Männer oder Frauen –, alle Männer – homosexuell oder heterosexuell –, nur die homosexuellen Männer oder die gesamte Gattung Mensch meine. Aber da es darum geht, die (nicht zu duldende) Tatsache der Unsichtbarmachung der Frauen zu verdeutlichen, habe ich mich entschlossen, die Strategie zu wechseln und die Leser zu bitten, selber Diskriminierungen in meinem Text zu suchen und mir anzuzeigen. Um einen Anreiz dafür zu schaffen, werde ich folgende Verlosung durchführen: Jeder Leser kann an elogiodelahomosexualidad@gmail.com schreiben und mindestens zehn Stellen anführen, an denen ihn der Gebrauch des männlichen grammatischen Geschlechts nur an Männer denken ließ, während wir doch unmissverständlich Männer und Frauen gleichermaßen vertreten sollten. Aus den erhaltenen E-Mails werde ich per Los einen Absender bestimmen, der mit einer Reihe von Büchern belohnt wird, die für die Vertiefung der in diesem Buch entwickelten Gedanken von Nutzen sind. Ich hoffe, dass dieser Wettbewerb dabei hilft, die Ungerechtigkeit sichtbar zu machen, die in diesem Text wie in jedem anderen begangen wird.

Warum dieses Buch?

Mein Name ist Luis Alegre. Ich bin ein weißer, homosexueller Mann aus der Mittelklasse, Madrilene, Professor für Philosophie, Anhänger der Partei Podemos ... nun, nicht seltsamer als jeder andere, und man hat mich gebeten, ein Lob der Homosexualität zu verfassen.

Der erste Zweifel, der mich befiel, war: In wessen Namen ergreife ich das Wort, um dieses Buch zu schreiben? Im Namen der ganzen Welt? Aller Homosexuellen? Nur der Männer (aber nicht der Frauen)? Nur der Madrilenen oder der mittelständischen Homosexuellen? Ehrlich gesagt, bin ich mir da nicht so sicher. Ich hoffe, dass ich nicht nur in meinem eigenen Namen (als einzelne Person) das Wort ergreife, denn in diesem Fall würde dieses Buch ziemlich uninteressant sein (außer für mich). Ich vertraue darauf, dass dem nicht ganz so ist.

In diesem *Lob der Homosexualität* kommen ganz unterschiedliche Probleme zur Sprache, und ich nehme an, dass jeder Leser sich auf sehr unterschiedliche Weise in jedem von ihnen wiedererkennt. Ein Lob, wie ich es hier verfasst habe, geht von Gemeinsamkeiten aus, die auf viele verschiedene Achsen verteilt sind. Mit den heterosexuellen Frauen verbindet mich ein sehr starkes Band: das gemeinsame sexuelle Verlangen nach Männern (und insbesondere nach heterosexuellen Männern). Mit den Lesben teile ich die Homosexualität, aber auf der Grundlage von Vorstellungen des sexuellen Begehrens, die sich, vermute ich, beträchtlich von meinen unterscheiden. Mit den Frauen im Allgemeinen (Lesben oder Heteras) verbindet mich, dass wir gemeinsam durch ein und dieselbe traditionelle Struktur unterdrückt werden. Eine gemeinsame Feindschaft verbindet fast genauso stark wie die Liebe. Andererseits ist uns Männern gemein, dass wir nach derselben (inwieweit natürlichen oder konstruierten – wer weiß) Schablone gemacht sind, die als Privileg gedacht ist, aber häufig zu einer Bürde wird. Mit den heterosexuellen Männern verbinden mich Einstellungen und Verhaltensweisen, die ich ablehne, aber in denen ich mich wiedererkenne. Und mit vielen Männern verbinden mich die Liebe und der Sex (beide verbinden stark) sowie eine gewisse allgemeine Einstellung dem Leben gegenüber.

Alles in allem gehe ich davon aus, dass die Homosexuellen sich in diesem Buch stärker wiedererkennen als die Heterosexuellen. In Wirklichkeit aber haben Letztere viel mehr von diesem Buch: Eines meiner wichtigsten Anliegen ist, dass es ihnen dabei helfen soll, herauszufinden, was sie im Besonderen ausmacht und wie sie funktionieren. Es gibt Mechanismen, die wir Homosexuellen von jeher kennen und doch niemals offengelegt haben (vielleicht aus Angst, sie könnten uns das Leben noch unmöglicher machen). Und doch ist jetzt der richtige Moment, einige Geheimnisse zu lüften. Schon deshalb, weil wir uns sozusagen im Goldenen Zeitalter der Homosexualität befinden: Früher hätte das Ausmaß an Unterdrückung und Verfolgung ein Lob wie dieses unmöglich gemacht. Andererseits hoffe ich, dass in nicht allzu ferner Zukunft «die Homosexualität» als Kästchen, in dem man sich wiederfindet, zumindest teilweise ihren Sinn verloren haben wird: als das, womit wir uns identifizieren, worin wir uns erkennen, woraus wir uns konstruieren und worin wir Widerstand leisten gegen eine gemeinsame Unterdrückung, in enger Verbindung mit einer sexuellen Option.

Aus ebendiesem Grund ist in diesem Buch logischerweise viel von Sex die Rede. Nicht dass wir Homosexuellen uns im Leben ausschließlich mit Sex beschäftigten. Ich zum Beispiel widme meiner Arbeit als Professor mehr Zeit als dem Sex, und in den letzten Jahren habe ich all meine Kräfte darauf verwandt, die Partei Podemos zu gründen, worauf ich durchaus ein wenig stolz bin. Jetzt, da sie gegründet ist, habe ich beschlossen hinzunehmen, dass die Heterosexuellen sie seit dem Zweiten Parteikongress von Vistalegre zerstören (indem sie die Begeisterung der Leute benutzen, um ihre eigenen Interessen zu verfolgen).

Doch da wir unter einer sexuellen Variablen (als Homosexuelle) eingeordnet werden, bedeutet über «uns» zu reden automatisch auch, über Sex zu reden. Das ist teilweise ein Problem, das wir als Opfer zu erdulden haben: Wir sind gezwungen, mit unseren Eltern über Sex zu reden (Heterosexuelle können das tun oder auch nicht); alle Aspekte unseres Lebens werden sexualisiert, und wenn wir in nicht ausdrücklich sexualisierten Bereichen an etwas teilhaben wollen, dann nötigt man uns, ausdrücklich zu versichern, dass keine sexuelle Absicht dahintersteckt usw.

Allerdings werden diese Nachteile durchaus ausgeglichen: Wir Homosexuellen messen für gewöhnlich dem Sex die Bedeutung zu, die ihm in expliziter und bewusster Weise zukommt, und das eröffnet uns eine Welt der Freiheit, die den meisten Heterosexuellen unbekannt ist. Das Lob der Homosexualität richtet sich also an jene, die neugierig genug sind, unsere Welt zumindest in ihren Grundzügen kennenzulernen, eine Welt übrigens, die in die Zukunft weist.

1
Einleitung

Die goldenen Zeiten der Heterosexualität, die mehrere tausend Jahre gedauert haben, gehen ihrem Ende entgegen. Und die Personen, die bis jetzt in diesem Konzept gefangen waren, sind zu beglückwünschen. Auch wenn sie es vielleicht noch nicht wissen, werden sie bald merken, über wie vieles sie sich freuen dürfen: Es könnte dazu kommen, dass Männer einander nicht mehr mit der flachen Hand auf den Rücken schlagen müssen, um sich zu sagen, dass sie sich mögen, oder dass es nicht gleich den Untergang der eigenen Identität bedeutet, wenn sie sich zerbrechlich und verwundbar zeigen (was einfach zu unserem Menschsein gehört). Es könnte auch dazu kommen, dass die Frauen sich nicht mehr dazu angehalten fühlen, in dem ersten dahergelaufenen Dummkopf einen Märchenprinzen zu suchen. Die im Konzept der Heterosexualität Gefangenen (viele heterosexuelle Männer und Frauen) sind gerade dabei, sich nach und nach zu befreien. Indessen gibt es immer welche, die ihre freiwillige Hörigkeit zur Schau stellen und nicht akzeptieren wollen, dass das, was sie «die Welt» nannten, in Wirklichkeit nur eine Zelle, ja, nur eine «Wabe» war.

Heutzutage gibt es nur schlechte Nachrichten für die Wabe. Der Hetero Fundamentalismus nimmt deutlich ab.

Sicher, er verschanzt sich wie ein in die Enge getriebenes wildes Tier voller Jähzorn in den Gräben, die ihm bleiben, und lässt seine Wut besonders an Jugendlichen und Alten aus. Aber selbst unter den Verwundbarsten tauchen Fürsprecher der Freiheit auf, die auch diejenigen zum Umdenken zwingen, die öffentlich schimpfen oder attackieren, um zu verhindern, dass ihre eigene Reinheit in Frage gestellt wird; eine Reinheit, die ihnen nicht mehr so viel einbringt wie früher, nicht einmal bei der Jagd auf weibliche Beute. Immer mehr Frauen misstrauen (zu Recht) Männern, die «nie im Leben», «um nichts in der Welt» mit einem anderen Mann Sex haben würden. Unter anderem deshalb, weil sie wissen, dass das gelogen ist: So masturbieren junge Männer nicht selten mit ihren Freunden. Und das ist Sex, wie man es auch dreht und wendet. Allerdings werden die kollektiven Masturbationen der Jugend mit der Zeit von eher symbolischen Masturbationen oder Fellationes abgelöst (zum Beispiel in Form von gegenseitigen Prahlereien, von denen die Frauen ausgeschlossen sind). Da, wo wir heute stehen, müsste es eigentlich niemand mehr nötig haben, sich selbst zu betrügen. Und die heterosexuellen Frauen misstrauen zunehmend diesen Männern, die sich in einer festgelegten Wesensordnung verschanzen.

Die weibliche Heterosexualität hingegen ist immer anders gewesen. Erstens, weil sie viel weniger heterosexuell war. Dass die Sexualität zwischen Frauen etwas mehr Freiheit genoss, ist einer dieser (unerwartet häufigen) Fälle, in denen eine perverse Ursache positive Auswirkungen hat. Die Sexualität der Frauen ist mit brutalsten Mitteln geleugnet worden, und man hat alles getan, um sie unsichtbar zu machen (in der sehr männertypischen Zuversicht, dass unsichtbare Dinge nicht existieren). Aber dieses schändliche Ziel hat dazu geführt, dass auf ihre Gesten, Bewegungen und Blicke weniger Druck ausgeübt wurde. Nichts wurde als sexuell interpretiert, denn es galt die grundsätzliche Annahme, dass die Sexualität der Frauen nicht existierte. Wir meinen hier – selbstverständlich – die Gestik und die Bewegungen der Mütter, Schwestern, Freundinnen, Ehefrauen, nicht der Huren, die – natürlich – immer ein konstantes sexuelles Verlangen hatten; es war ja dieses Verlangen, das sie per definitionem zu Huren machte.

Doch gerade dieser Zusammenhang hat es den Frauen ermöglicht, ohne große Probleme einander zu berühren, zu streicheln, Hand in Hand zu gehen, sich mit Küssen und nicht durch Schläge mit der flachen Hand auf den Rücken zu begrüßen, zusammen zu reisen, zusammen zu schlafen und sogar zusammen zu leben, ohne dass jemand etwas anderes als eine schöne Freundschaft darin sah; vollkommen unsichtbar, aber in gewisser Weise frei innerhalb dieser blickdichten Räume. Der extremste Fall ereignete sich, als Königin Victoria sich weigerte, den Lesbianismus für strafbar zu erklären, weil sie der Meinung war, dass dergleichen gar nicht existieren könne: Es war undenkbar, dass eine *lady* fähig sei, so etwas zu tun. Auf diese seltsame Weise blieb der Lesbianismus gesetzlich erlaubt (oder zumindest ungestraft), denn es gab gewiss keinen *lord*, der so mutig (oder so unvernünftig) gewesen wäre, der Königin zu sagen, dass sie sich geirrt habe, lüge oder verrückt sei.

Auf diese Weise haben die Frauen eine andere Beziehung zur Homosexualität entwickelt. Tatsächlich sind sie zu entschlossenen Verbündeten beim Angriff auf die Zitadelle geworden, in der die fixierten Wesenhaftigkeiten unserer Vorfahren bewahrt werden. Dieses natürliche Bündnis zwischen allen Homosexuellen und den Frauen, dem sich unzählige Bisexuelle und Heteroflexible (das Trojanische Pferd der Freiheit) anschließen, stürmt gerade erfolgreich die Festung der alten, fixierten Wesenhaftigkeiten.[1]

Vor nicht allzu langer Zeit schien diese Zitadelle noch uneinnehmbar zu sein. Der Kampf begann mit einer Handvoll Helden und Heldinnen, die ohne Umschweife zum Angriff bliesen. Diese heroische Tat bezahlten sie mit Gefängnis, Schlägen, Hohn, Ausgrenzung und dem Stigma, Vagabunden und Gauner zu sein. Es ist ein hohes Verdienst, mutig zu sein, selbst dann, wenn man mit Ruhm und öffentlicher Anerkennung belohnt wird. Aber dieser Mut, den die Generation vor uns zeigte, grenzt an ein Wunder, denn im Allgemeinen wurde er ihr mit Erniedrigung und Hohn heimgezahlt. Und doch gab es sie, diese Handvoll Kämpfer, die bereit waren, für ihre Freiheit und die aller ihr Leben zu geben (aber nicht, jemandes Leben zu nehmen). Es ist unbegreiflich, dass unsere Plätze nicht voller Denkmäler dieser Helden sind, deren Mut wir unsere Freiheit verdanken. Der Raum, der ihnen gebührt, ist noch von Reiterstatuen mit Generälen und Herrschern besetzt, die bereit waren, für Ehre und Ruhm (mit Eroberungen, Plünderungen und allen möglichen Gewalttaten) anderen das Leben zu nehmen (aber nicht, ihres zu geben). Doch dieses sich täglich auf öffentlichen Plätzen brüstende Unrecht wird schon bald wiedergutgemacht werden.

Die Helden und Heldinnen, die im Alleingang den Angriff auf die Zitadelle unternahmen, boten der Welt (buchstäblich) die Stirn und stellten sie am Ende auf den Kopf. In einem ersten Moment eroberten sie nach und nach das Recht, nicht eingesperrt oder verfolgt zu werden. Aber das genügte nicht. Ein sehr schwieriger Schritt stand noch aus: Die Bürger in ihrer Gesamtheit (unabhängig von ihrer Sexualität) sollten sich darauf besinnen, dass das Recht der Freiheit allen (nicht nur den Sonderbaren) zusteht. Mit diesem Recht kann danach jeder tun, was er für angebracht hält, auch sich streng an die konventionellsten Regeln halten oder sogar ganz auf Sex verzichten, wenn er möchte.[2] Aber das Recht nicht allen zuzugestehen, ist auch ein Angriff auf die von der Mehrheit unterstützten Optionen, die so der Würde einer echten Option beraubt und zu erniedrigenden Zwangsmaßnahmen gemacht werden. Wie jedes andere Recht existiert sexuelle Freiheit nur dann, wenn sie für alle gewährleistet ist. Deshalb galten die Forderungen von Lesben, Schwulen, Transsexuellen, Bisexuellen, Intersexuellen und Queers allgemein nicht einem Teil der Bürgerschaft, sondern dieser in ihrer Gesamtheit. Die Gay-Pride-Demonstrationen versammelten all die Leute, die sich für Freiheit und Menschenrechte engagierten. Jedes Jahr mehr Menschen.

Aber damit nicht genug. Viele Teilnehmer blickten mit einer Mischung aus Neugier, Neid und Fremdstolz auf eine Welt, in der sie mehr Freiheit (und mehr Vergnügen) vermuteten als in der eigenen. Diese Vermutung entwickelte sich zu einer so mächtigen Versuchung, dass etwa in Madrid die Gay-Pride-Feste zu den wahren Volksfesten der Stadt avancierten. Jedes Jahr an einem bestimmten Tag versammeln sich die Madrilenen um eine urbane Göttin, der mehr Jubel zuteilwird als den Heiligen Isidor, Lorenz und Kajetan sowie der Jungfrau Paloma zusammen.

Aber die größte Überraschung sollte noch kommen: Gemeinsam tanzen kann zur besten Gelegenheit werden, der Kreativität freien Lauf zu lassen. In einigen Fällen kann es die Welt der fixierten Wesenhaftigkeiten und die angeblich natürliche Ordnung der Dinge explodieren lassen, um eine weiträumigere Welt entstehen zu lassen.

Auf diese Weise vollzog sich die allmähliche Auflösung der Grenzen eines Konzepts: der «Heterosexualität», die jeden unterdrückt, den sie integriert, und jeden diskriminiert, den sie ausschließt.

Wenn dieser Krieg eines Tages gewonnen ist, dann können wir vielleicht auch auf diesen Wehr- und Belagerungsturm verzichten, den wir «Homosexualität» nennen. An diesem Tag werden wir alle gemeinsam den Sieg der Freiheit über ihre Unterdrückung und über unsere Diskriminierung feiern. Bis dahin wollen wir in unserer Position G (oder in den Geschwisterpositionen L, T, B, I, Q ...) bleiben und ihren freundlichen, freien und frohen Charakter bewahren.

2
Das Natürliche und das Konstruierte (Natur und Performativität)

Wie viel Natürliches und wie viel von uns Konstruiertes gibt es in allem, was wir sind? Wie wir sehen werden, ist die Antwort auf diese Frage bei weitem nicht so wichtig, wie es scheinen könnte. Dennoch, diese Frage nicht zu stellen, würde zu einem Missverständnis mit schwerwiegenden Folgen führen.

Das Gesetz der Natur

Früher (ich wünschte, nur früher) war häufig zu hören, dass die Homosexualität etwas Widernatürliches und darum Verwerfliches sei. Dies war die Sorte Argument, die einen Charakter enthüllt. Man fragt sich, über welche Daten des Sexuallebens von Tintenfischen oder Heuschrecken Menschen verfügten, um eine solche These aufzustellen. Aber darum geht es gar nicht. Das Erschreckende daran war, dass sie es aus irgendeinem Grund selbstverständlich fanden, Tintenfische oder Heuschrecken darüber bestimmen zu lassen, wie unser Sexualleben auszusehen hat. Noch erstaunlicher war die Entdeckung, dass einige Verfechter des «Rechts» auf eine freie Sexualität in bester Absicht darauf verwiesen, dass einige Ziegen- oder Heringsarten ebenfalls mit Individuen desselben Geschlechts kopulieren.

Wie konnte eine zivilisierte Gesellschaft akzeptieren, dass die Meeraale uns als Modell dienen sollten, um darüber zu bestimmen, wie wir zu leben haben? Falls es überhaupt etwas unbestreitbar «Natürliches» gibt, dann, dass der große Fisch den kleinen frisst und dass im Allgemeinen das Recht des Stärkeren über jedes andere Recht herrscht. Gegen dieses feste Naturgesetz erhebt sich die gesamte Welt des Rechts, der Gerechtigkeit und der Freiheit gewiss als etwas «Widernatürliches». Und nur innerhalb dieser Welt ist es möglich, eine handelnde und Entscheidungen treffende Person zu sein und nicht ein bloßes Etwas, das sich bewegt. Ein Meeraal beschränkt sich darauf, ein Exemplar seiner Art zu sein und die Dinge zu tun, die Meeraale tun, ohne den geringsten Handlungsspielraum hinsichtlich ihres Wesens. Wir freien Individuen hingegen beschränken uns nicht darauf, nur ein Menschenexemplar zu sein. Wir haben vor allem die Aufgabe zu entscheiden, wer wir sind und was jeder von uns will. Egal was die Natur (oder die Kultur) mit uns gemacht hat, wir haben immer einen Ermessensspielraum, um zu entscheiden, was wir mit dem machen, was die Natur (oder die Kultur) mit uns gemacht hat. Genau das und nur das kann man Freiheit nennen. Das ist der Grund, weshalb wir in einer Porträtgalerie einzelne Personen bewundern oder gering schätzen, während wir in einem Zoo die bloßen Exemplare ihrer Art betrachten; oder weshalb wir die Leute bei ihren Eigennamen nennen und die wilden Tiere bei ihrem Gattungsnamen. Und das ist auch der Grund, warum es unsinnig ist, ein Neunauge auf die Anklagebank zu setzen, es aber sehr wohl Sinn ergibt, dies mit Verbrechern zu tun: Im Unterschied zu Neunaugen sind wir nicht berechtigt, einfach zu sagen, «das liegt in meiner Natur». Genau deshalb ist eines der grundlegenden Menschenrechte das Recht auf die freie Entfaltung der Persönlichkeit.

Die Waben als Käfige[3]

Doch diese «Entfaltung der Persönlichkeit» auf wirklich freie Weise (und nicht als bloße Fiktion von Freiheit) stellt generell die Menschen und insbesondere die Heterosexuellen vor unerwartete Probleme.

Häufig bilden wir uns ein, dass wir selber die Regeln unseres eigenen Lebens erschaffen und insoweit freie Subjekte sind. Aber mit Erstaunen stellen wir dann fest, wie sehr man uns Regeln, die wir nicht beschlossen haben, aufzwingt, ohne dass wir es merken. Tatsächlich laden wir in dem Moment, wo wir zu sprechen und bestimmte Dinge von anderen (bestimmte Wörter von anderen) zu unterscheiden lernen, gewissermaßen die gesamte Bedienungsanleitung für unser eigenes Leben herunter und bemerken das nicht einmal.

Diese Art Zauber, der bewirkt, dass Wörter sich nicht darauf beschränken, unser Leben zu beschreiben, sondern es uns in Wahrheit vorschreiben, mag etwas rätselhaft oder sogar paranormal erscheinen, aber in Wirklichkeit lässt sich dies in den alltäglichsten Fragen nachvollziehen: Wenn du zum Beispiel jemanden kennenlernst, ihr dann ein Glas miteinander trinkt, zusammen ins Kino oder zum Abendessen geht, Sex habt usw., weißt du, dass sich früher oder später die schicksalhafte Frage stellen wird: «Wir beide, was sind wir eigentlich?» Es ist nur eine Frage der Zeit. Das Bedürfnis zu wissen, woran man ist. Das Bedürfnis zu benennen und zu überdenken, was man selber hat und was man selber macht, verlangt danach, diesen verstreuten Komplex von Dingen (gemeinsam ins Kino gehen, zu Abend essen, Sex haben, ein Glas miteinander trinken …) mit einem Wort zu bezeichnen. Es ist nicht leicht, längere Zeit eine Antwort aufrechtzuerhalten von der Art wie «Zwei Personen, die gemeinsam ein paar Filme gesehen haben, Sex haben und tanzen gehen». Das Problem ist, dass mit der spontanen Wahl des Ausdrucks – zum Beispiel «Wir sind verlobt» – fast automatisch ein vollständiges Programm heruntergeladen wird, eine Art Handbuch für unser eigenes Leben, in dem genau aufgeführt ist, wie die Eifersucht funktioniert, wie man mit den Schwiegereltern umzugehen hat, was man im Urlaub macht, wo jeder der beiden im Auto sitzt, was man über die Freunde denkt, wer sich um die Kinder kümmert, wer die Hypothek bezahlt … Häufig sind es die einem Wort oder Ausdruck anhaftenden Vorstellungen, die sich schließlich durchsetzen und unser eigenes Leben formen.

Die tägliche Erfahrung genügt, um festzustellen, auf welche Schwierigkeiten jedes Streben nach freier Kreation stößt. Man könnte annehmen, dass jeder fähig sei, die Regeln für seine eigene Beziehung zu gestalten: indem man nur einige Elemente des Begriffs «Paar» auswählt, andere beiseite lässt und die ausgewählten Elemente mit anderen kombiniert, die zum Beispiel den Kästchen «Freund», «Lehrerin», «Vater» usw. entsprechen. Doch jeder, der versucht, Regeln frei zu erschaffen, wird auf die Hartnäckigkeit der Wörter stoßen, mit der diese in ihren kompletten Paketen zu bleiben suchen.

Genau das erweckt den Eindruck, dass die Dinge von Natur aus so sind. In der Tat stellen wir fest, dass (fast) alle menschlichen Beziehungen auf sehr ähnliche Weise organisiert sind. Als würde sich in ihnen irgendein Naturgesetz erfüllen. Tatsache ist, dass die Wörter («Paar», «Freund», «Kollege» ...) die Welt mit ziemlicher Genauigkeit beschreiben. Tatsache ist auch, dass wir kein Kontinuum mit lauter unterschiedlichen Beziehungen vor uns haben, in welchem jede Art der Klassifizierung mehr oder weniger beliebig erschiene. Wir finden keine unendliche Heterogenität vor, innerhalb derer sich jeder Fall vollkommen von allen anderen unterschiede (also jeder Fall das Ergebnis einer originalen Kreation wäre). Im Gegenteil, wir müssen feststellen, dass die Dinge immer schon auf eine bestimmte Weise organisiert sind, und zwar (wenn auch mit einigen Ausnahmen) ziemlich genau so, wie wir sie benennen. Die Dinge erscheinen keineswegs verstreut: Die Welt selber zeigt uns einerseits Paare und andererseits Freunde. Und es ist fast immer ganz einfach, sie voneinander zu unterscheiden. Sicher, es kann passieren, dass zwei Freunde sich heimlich ein Element aus der anderen Wabe nehmen und zum Beispiel miteinander schlafen. Aber die Gültigkeit und die Herrschaft der fixierten Wesenhaftigkeit wird augenblicklich wiederhergestellt, indem sie eingestehen, dass sie «das eine mit dem anderen verwechselt haben», und damit auch, dass ungeachtet aller Verwechslungen jedes Ding weiterhin ist, was es ist.

Wenn Freud die Freundschaft als «zielgehemmte Liebe» betrachtet,[4] stellt er mehrere entscheidende Behauptungen auf: erstens, dass das Ziel (der explizite Sexualtrieb) in der Tat gehemmt ist, also nicht da ist, nicht Teil der Realität (einer «Realität» in jedem Sinne) ist: Wir neigen dazu, für Freunde kein sexuelles Verlangen zu verspüren. Aber zugleich behauptet er, wenn das Ziel nicht da ist, dann genau als Ergebnis und Folge ebendieser Regel (eines bestimmten Konstrukts, das auch ein anderes hätte sein können). In dieser Hinsicht – und sogar in Angelegenheiten, die wir als primitiver, natürlicher und unmittelbarer betrachten – pflegen die Dinge sich andersherum zu ereignen, als wir denken. Die Wörter spiegeln nicht bloß wider, wie die Welt gestaltet ist. Im Gegenteil, sie selbst sind das Prinzip der Gestaltung dieser Welt. Wir neigen dazu, zu glauben, dass wir Personen, für die wir kein ausdrücklich sexuelles Verlangen empfinden, «Freunde» (statt «Liebhaber») nennen. In Wirklichkeit verhält es sich eher umgekehrt: Es gibt kein sexuelles Verlangen (und es verschwindet sogar, wo es existierte) gegenüber den Personen, die wir «Freunde» nennen.

Im täglichen Leben herrscht immer der Anspruch, dass die Wörter sich darauf beschränken, die Welt zu beschreiben, wie sie ist. Und zweifellos pflegt die Welt tatsächlich so zu sein. Aber normalerweise wird außer Acht gelassen, dass sie in vielen Fällen so ist, nicht weil es sich dabei um ein unumstößliches Naturgesetz handelt (so dass sie also gar nicht anders sein könnte), sondern weil wir sie so (und nicht anders) benennen. Zumindest in Fragen, die den Menschen betreffen, hat die Sprache die Macht, die in einem Begriff gruppierten ähnlichen Elemente in der Wirklichkeit zu versammeln und zusammenzustellen, und auch die Macht, die Verknüpfungen, aus denen die Wörter gewoben werden, in die Welt zu tragen.

Es ist eine aus soziologischer Sicht unbestreitbare Tatsache, dass die Dinge immer in Paketen organisiert sind, die nicht unbedingt existieren müssten. Wenn sich jemand für den Stierkampf begeistert, Zigarren liebt, gern schnell Auto fährt und Fan von Real Madrid ist, ist es sehr unwahrscheinlich, dass er gern zur Musik von Britney Spears tanzt. Wenn jemand Lesbe und Veganerin ist, ist es nicht sehr wahrscheinlich, dass sie gern den Sänger Manolo Escobar hört. Wenn wir wissen, welche Meinung jemand über Atomkraftwerke oder den Klimawandel hat, können wir (ziemlich zuverlässig) seine Meinung über das staatliche Bildungswesen voraussagen.

Einer der Bereiche, in denen sich diese Forschungen als besonders fruchtbar erwiesen haben, ist die Konstruktion der sexuellen Identität und der Genderidentität. Spätestens seit Simone de Beauvoir in *Das zweite Geschlecht* erklärte, «man ist nicht als Frau geboren; man wird es»[5], hat die feministische Theorie das Hauptaugenmerk ihrer Forschungen auf den künstlichen und kontingenten Konstruktcharakter gerichtet, der den angeblichen festgelegten Wesenhaftigkeiten des Männlichen und des Weiblichen anhaftet. Hier ist es angebracht, endlich zwischen Geschlecht und Gender zu unterscheiden. In einem ersten (und nur vorläufigen) Schritt könnten wir sagen, dass die Einordnung nach Geschlechtern, Mann und Frau, sich auf bestimmte biologische Unterschiede bezieht, die schlicht naturgegeben sind (zum Beispiel die Unterschiede der Geschlechtsorgane). Aber dann stellen wir fest, ist dieser Unterschied einmal als grundlegend ausgewählt, bildet sich um ihn herum ein ganzes Paket von Elementen, die nicht notwendigerweise so gruppiert sein müssten: rosa/blau; Puppe/Ball; Sanftheit/Schroffheit; Saubermachen/Steckdosen reparieren; Sittsamkeit/Dreistigkeit; Abhängigkeit/Selbstversorgung; sich die Haare entfernen/Behaarung zur Schau stellen; Kochen/Autofahren; den Freunden Zuneigung zeigen durch einen Begrüßungskuss/ den Freunden Zuneigung zeigen durch einen Schlag mit der flachen Hand auf den Rücken; Klatsch-und-Tratsch-TV-Sendungen/Motorradrennen … es handelt sich hier um äußerst heterogene Elemente, die nichts mit den Geschlechtsorganen zu tun haben und darum verstreut, vermischt und ohne festes Muster sowohl bei Personen mit Penis als auch bei Personen mit Vagina zu erwarten wären.

Es ist jedoch eine unleugbare Tatsache, dass wir diesen Dingen, zu recht einheitlichen Paketen gruppiert (im Vergleich zu den wenigen Ausnahmen) in der Welt begegnen. Und natürlich ist diese Einheitlichkeit umso stärker ausgeprägt, je undurchlässiger, verschlossener und traditioneller die Gesellschaft ist, die wir betrachten. Aber wir müssen gar nicht bis in abgelegene ländliche Gegenden vordringen, um festzustellen, dass die Frauen besser saubermachen als die

Männer, ungeschickt im Austauschen von Glühbirnen sind und ganz selten ihre Zuneigung durch Schläge mit der flachen Hand auf den Rücken des anderen kundtun. Es ist, als hätte all das etwas Natürliches, als würden das «Männliche» und das «Weibliche» das reale Wesen der Dinge bezeichnen. Alle empirische Evidenz zeigt, dass «männlich» und «weiblich» beschreiben, wie die Welt organisiert ist. Wir sehen, wie die Elemente der Welt zu stabilen Komplexen gruppiert sind, so wie wir sie erwarten würden, wenn die Begriffe sich darauf beschränkten, die festgelegten Wesenhaftigkeiten der Dinge zu benennen.

Allerdings verliert die empirische Behauptung, dass die Pakete «Männlichkeit» und «Weiblichkeit» die Realität der Dinge bezeichnen, etwas an Kraft, sobald man entdeckt, dass es in vielen Fällen die Wörter der Vorfahren waren, die sich durchsetzen konnten und die Welt geformt haben. Die Dinge wurden genauso gruppiert, wie Ähnlichkeiten und Unterschiede in den Begriffen verknüpft sind, die uns Tradition und Gebräuche hinterlassen haben.

Männlichkeit und Weiblichkeit sind Konstrukte, das Ergebnis des Bündelns verstreuter Elemente zwecks ihrer Vereinigung und Gruppierung unter einem einzigen Etikett. So schaffen sie es, wie durch eine Beschwörung, dass die Dinge (in diesem Fall wir selber) sich an die Wabe anpassen und auf ihr eigenes Leben die Bedienungsanleitung anwenden, die in dem jeweiligen Begriff enthalten ist.

Ich möchte hier einfach auf die performative Macht der Sprache und generell jedes Ausdrucks- und Darstellungssystems aufmerksam machen: Die gewöhnliche Erfahrung ganze Wahrheit: Wenn du schwul bist, ist es gut möglich, dass dich die verrückten Shows von Raffaella Carrà faszinieren, und die Wahrscheinlichkeit, Veganerin zu sein, ist unter Lesben höher als unter Frauen allgemein. Sicher haben diese Dinge nichts miteinander zu tun, aber wir alle finden es bequemer, uns nach «Bauplänen» (oder Fragmenten von Plänen) zu konstruieren, die bereits von anderen erarbeitet und erprobt wurden (denn das erleichtert die Arbeit an uns und hilft uns, uns wiederzuerkennen). Häufig neigen zum Beispiel transsexuelle Frauen dazu, sich mit dem kompletten Paket «Weiblichkeit» in seiner herkömmlichsten Version wohler zu fühlen: Brüste, Schminke, Kleidung, Schuhe, Gestik, Frisur ... Tatsächlich führen sie das Programm «Weiblichkeit» in all seinen Einzelheiten häufig minutiöser aus als der Durchschnitt der Frauen.

In Wirklichkeit aber liegt das Problem woanders. Uns selbst mit Hilfe von kompletten Paketen oder Teilen von Paketen zu konstruieren, gehört so sehr zum Wesen der Menschen wie ihre Fähigkeit zu sprechen. Wie wir im weiteren Verlauf sehen werden, können wir Menschen nur erfahren, was wir sind oder was wir begehren, indem wir es mit Wörtern erklären. Und Wörter zu benutzen, bedeutet immer zu akzeptieren, dass auf eine bestimmte Weise bereits gewisse Ähnlichkeiten in einem Ordner oder Programm gruppiert worden sind, die nicht zwangsläufig zusammengehören.

bestätigt täglich, dass wir uns die Dinge so vorstellen, wie sie sind, aber dabei vergisst sie für gewöhnlich, dass die Reihenfolge häufig umgekehrt ist: Die Dinge sind so, wie wir sie uns vorstellen.

Gruppenidentitäten

Wie gelingt es diesen Waben nur, sich so außerordentlich wirksam durchzusetzen? Indem sie mit der schlimmsten aller Strafen drohen: Ohne Eigenschaft dazustehen, ein sonderbarer Vogel zu sein, das Schnabeltier zu sein, das die natürliche Ordnung der Dinge durcheinanderbringt, ein Abweichler zu sein, nicht mehr dazuzugehören, nicht einmal mehr fähig zu sein, präzise auf die grundlegendste aller Fragen zu antworten: «Was bist du eigentlich?»

Das ist häufig zu beobachten, zum Beispiel bei den Gruppendynamiken unter Jugendlichen. Entgegen ersten Vermutungen interessieren sich die meisten Jugendlichen sehr wenig für die Freiheit, die Regeln ihres eigenen Lebens zu bestimmen, zu erschaffen und festzulegen. Dem Anschein nach sind sie rebellisch und stolz darauf, mit Vorbildern zu brechen. Doch abgesehen von einigen heroischen Ausnahmen verspüren sie zunehmend den obsessiven Drang, die grundlegenden Normen des Herdentriebs zu erfüllen. Diese Unterwerfung unter das Gruppenverhalten ist im Allgemeinen bei heterosexuellen Männern stärker ausgeprägt als bei den Frauen. Selbst heutzutage halten männliche heterosexuelle Jugendliche sich oft geradezu sklavisch an Normen, die zu erfüllen sie sich verpflichtet fühlen: Sie lachen, worüber sie lachen sollen, um sich in die Wabe einzufügen. Sie zeigen sich abweisend gegenüber allem, was sie ablehnen sollen, um sich keiner Abweichung verdächtig zu machen. Sie verspotten mit erstaunlicher Disziplin, was ihnen vorgeschrieben wird. Sie widmen einen Großteil ihrer Energie der ausdrücklichen, minutiösen, unterwürfigen Anpassung an das althergebrachte Rezept ihrer Gruppenidentität. Da sie männliche Heterosexuelle sind und nicht den leisesten Zweifel daran aufkommen lassen wollen, sind sie gezwungen, die für heterosexuelle Männer typischen Dinge zu tun und zu sagen; sich bis in alle Einzelheiten wie heterosexuelle Männer zu bewegen; über Witze zu lachen, über die heterosexuelle Männer zu lachen pflegen; sich wie heterosexuelle Männer zu begrüßen; sich wie heterosexuelle Männer hinzusetzen (breitbeinig, damit auch auf dem Nachbarsitz keiner Platz hat); wie heterosexuelle Männer zu urinieren (im Stehen); wie heterosexuelle Männer zu masturbieren; mit Frauen Geschlechtsverkehr zu haben wie heterosexuelle Männer (wortlos ...). Und somit sich peinlich genau an die komplette Bedienungsanleitung für die betreffende Gruppenidentität zu halten.

Es hat etwas Mitleiderregendes, wenn Jugendliche, die überzeugt sind, dass sie mit überkommenen Formen brechen, den größten Teil ihrer Energie darauf verwenden, sich selbst in eine Form zu zwängen (notfalls mit dem Schmiedehammer) nach einem uralten überlieferten Rezept, an dessen Zusammenstellung sie selber kein Mitspracherecht hatten. Es wäre rührend, wären da nicht Opfer zu beklagen: Diese Unterwerfung unter die Norm gelingt weitgehend dadurch, dass offen und öffentlich dafür eingetreten wird, das Andere auszuschließen und zu diskriminieren. Denn die feindselige Haltung gegenüber jedweder Abweichung ist das wirksamste Mittel, vor der Gruppe die sklavische Einhaltung der Norm zu zeigen. Als vorrangige Zielscheibe dient dabei schon immer und bis heute die Homosexualität. In meinem Land zum Beispiel, in Spanien, fühlen sich laut einem Bericht der Agentur der Europäischen Union für Grundrechte 80 Prozent der Gymnasiasten, die sich nicht als heterosexuell bezeichnen, eingeschüchtert oder bedroht, und 75 Prozent vermeiden es aus Angst vor Übergriffen oder Mobbing, auf der Straße Hand in Hand zu gehen (nicht zu vergessen die 66 Prozent, die ihre sexuelle Orientierung verbergen). Es ist schwer einzuschätzen, wie viele aus der bestürzend großen Zahl von Jugendlichen, die sich wegen Mobbing in der Schule das Leben nehmen, zuvor wegen ihrer Identität oder ihrer sexuellen Orientierung angegriffen wurden. Und es ist vor allem deshalb so schwer einzuschätzen, weil sich in vielen Fällen die Eltern für die Gründe schämen, aus denen ihre Kinder gemobbt werden.

Endlich und endgültig dahin zu gelangen, dass selbst unter den schlimmsten Bedingungen von Gruppendruck und Normunterwerfung die Beschämung die Seite wechselt, ist eine der großen Herausforderungen unserer Zeit.

Reputation und Würde

Wer erreichen will, dass die Beschämung die Seite wechselt, darf niemals vergessen, welche Bewunderung und Achtung Männer und Frauen wecken, die sich mutiger und freier zeigen. Für einen wirklich freien Mann oder eine wirklich freie Frau keine Bewunderung und Achtung zu verspüren, ist unmöglich. Wenn ein Jugendlicher in einer feindseligen Umgebung mutig zu seiner Sexualität steht, beweist er eine Freiheit, die in allen nur Bewunderung und Neid hervorrufen kann, und sei es im Verborgenen. Diese Freiheit, die Fähigkeit, sich selbständig Regeln für das eigene Leben zu geben, würde jeder Jugendliche (und jeder Mensch) gern erlangen. Natürlich kann Hetze dazu führen, dass das Opfer sich seiner selbst schämt und sich wünscht, es hätte der Tradition und Sitten folgenden Norm mehr entsprochen. Aber die Fähigkeit, über sich selber zu entscheiden, wird insgeheim von allen bewundert, auch (und vielleicht am meisten) von denen, die sich den herkömmlichen Mustern am weitesten unterworfen haben (und sich darin ohne Bewegungsspielraum gefangen fühlen). Selbst wer allen gesellschaftlichen Mustern und Konventionen sklavisch gehorcht, vermag insgeheim zwischen Reputation und Würde zu unterscheiden, das heißt zwischen der Pflicht, eine externe Regel zu erfüllen, und der Möglichkeit, sich selbständig und frei die Regeln für sein eigenes Leben zu geben, oder, was nichts anderes ist, zwischen dem Gebot, mit dem Strom zu schwimmen, und dem Gebot, auf Seiten der Freiheit zu stehen.

Der Mut, der nötig ist, um zum Beispiel in einem Gymnasium transsexuell zu sein, ist vergleichbar mit dem, den Nelson Mandela aufbringen musste, um der Apartheid die Stirn zu bieten, oder mit dem, den Gandhi bewies, als er gegen die koloniale Unterdrückung kämpfte. In all diesen Fällen kommt irgendwann der Zeitpunkt, wo es plötzlich ganz leicht ist, bedenkenlos die Bewunderung zu zeigen, die diese Menschen verdienen. Wenn gewisse Schlachten für die Freiheit endlich gewonnen sind, springen alle auf den fahrenden Zug auf und erkennen die unveräußerliche Würde an, die auf dem Spiel stand (und nicht ein einziger Staatsmann will bei der nachträglichen Ehrung fehlen, die diesen Helden dann zuteilwird). Doch in dem Moment, da die Schlacht in vollem Gange und es folglich nicht so einfach war, den Platz der Würde einzunehmen, legten viele feiges Schweigen oder stilles Einverständnis mit dem Unrecht an den Tag, eine bequeme Haltung, die Reputation und Status nicht gefährdet, auf die aber niemand stolz sein kann.

Aus Angst, die Anpassung der eigenen Sexualität an die herrschende Norm könnte in Frage gestellt werden, wagen es heute nur wenige, der Diktatur der Konventionen die Stirn zu bieten. Einige beteiligen sich sogar, ohne es wirklich zu wollen, an ostentativer Diskriminierung und Verhöhnung, um keinen Argwohn gegenüber ihrer Haltung aufkommen zu lassen. Gelegentlich nehmen sogar die Lehrer diese jämmerliche Haltung ein und lassen das Opfer in der Gefahr so allein, wie das Dorf den Helden in *Zwölf Uhr mittags*. Dabei weiß jeder, wenn er in den Spiegel schaut, wer der Held und wer der Niederträchtige wäre, wenn die

Sache zu einem Hollywood-Drehbuch würde. Inmitten des Geschreis der Reputation verschafft sich die Stimme der Würde Gehör und fordert, dass alle wissen, wer vor Scham im Boden zu versinken hat und wer in unseren Tagen Gary Cooper ist.

Die Käfige sind menschlich (allzu menschlich)

Als Freiheit können wir die Kraft bezeichnen, die nötig ist, um den Zwängen einer festgefügten Welt zu widerstehen, und die Fähigkeit, mit einem gewissen Abstand gegenüber den Waben zu handeln, in denen sich die Welt organisiert (diese starre Architektur aus Konzepten, die wir fortan unterschiedslos Käfige, Gussformen, Pakete, Kästchen, Programme, Modelle, Muster, Schablonen usw. nennen). Wie dem auch sei, wir Menschen scheinen im Großen und Ganzen nicht anders zu können, als uns im Rahmen von festen Formen zu verhalten und uns mit Hilfe von fertig zusammengestellten Paketen (die allenfalls kleine Unterschiede in ihrem Innern aufweisen) zu konstruieren. Auch wir Homosexuellen tun das gern. Homosexualität bezieht sich zunächst nur auf die sexuelle Anziehung zwischen Personen desselben Geschlechts. Dennoch beziehen wir alle gern einige Elemente ein, die eigentlich nicht mit einer bestimmten sexuellen Orientierung in Zusammenhang stehen. Einige versuchen uns zu verteidigen, indem sie sagen, dass das Bild, das mit uns verknüpft wird, ein reines Klischee sei. Wir danken ihnen aufrichtig dafür, aber das ist nicht die

Exzesse der heterosexuellen Identität I:
Die machistische Gewalt

Das Problem ist nicht, dass wir komplette Pakete (oder große Teile davon) benutzen. Das scheint für uns sprachfähige Tiere unvermeidlich zu sein. Das Hauptproblem dieser Programme ist ihr zumeist repressiver Inhalt. Nehmen wir zum Beispiel das Übel der machistischen Gewalt. Viele heterosexuelle Männer misshandeln die Frau, auf deren Inbesitznahme sie ihr Selbst konstruiert haben. Im Extremfall ermorden sie sie sogar. Dieses Verhalten hängt eng zusammen mit der Konstruktion der heterosexuellen Identität. Der heterosexuelle Mann bewertet einen Teil seines eigenen «Wesens» in Form der Inbesitznahme und Beherrschung einer Frau. Ein «echter Mann», einer wie die von früher, kann viele Dinge nicht tun, ohne dabei seine Identität (und damit gewissermaßen sich selbst) zu zerstören: Er kann zum Beispiel weder Dessous noch Damenparfum tragen, er kann nicht Staubsaugen, sich nicht die Haare entfernen, keine Kosmetika benutzen ... All diese Dinge (sofern es keine mildernde Entschuldigung dafür gibt) wären für ihn eine Erniedrigung. Und zu diesem Paket gehört auch die Forderung, die Hosen anzuhaben und die Frau so weit wie möglich zu beherrschen, äußerstenfalls durch Mord.

Dass das Problem eng mit der Konstruktion der Identität zusammenhängt, erkennt man daran, dass die Strafmaßnahmen nicht die erhoffte Abschreckungswirkung entfalten. Bei den meisten Verbrechen führen eine Erhöhung des Strafmaßes und eine wirksame Verfolgung der Kriminellen dazu, dass die Straftaten zurückgehen. Das passiert jedoch nicht, wenn die Person des Täters selbst auf dem Spiel steht, etwa wenn Diebstähle bestraft werden, die begangen wurden, um zu überleben. Die Zahl der Diebstähle, die für das Überleben notwendig sind, geht nicht zurück, wenn das Strafmaß erhöht wird. Ähnlich verhält es sich mit der machistischen Gewalt. Allerdings handelt es sich hier nicht um eine materielle Lebensgrundlage. Die Männer müssen die Frauen nicht unterjochen, um physisch überleben zu können, aber sie benötigen diese Unterwerfung, um weiterhin sein zu können, was sie sind, um ihre makellose Identität des heterosexuellen Mannes aufrechtzuerhalten. Und deshalb nehmen sich 30 Prozent der Männer, die ihre Partnerinnen ermordet haben, danach selbst das Leben (gegenüber einer Suizidrate von 1 Prozent nach anderen Tötungsdelikten).

Weder in einem Verlies noch unter freiem Himmel

Man kann gar nicht genug hervorheben, wie wichtig es ist, solchen Konzepten etwas von ihrer Bedeutung zu nehmen. Wir Homosexuellen können stolz darauf sein, unseren Beitrag dazu geleistet zu haben. Entscheidend ist, dass wir diese Konstrukte und die Art des Bündelns, mit deren Hilfe wir uns unsere eigene Identität konstruieren, nicht allzu ernst nehmen. Der Schlüssel zur Freiheit und zum Glück liegt darin, sie weder so leicht zu nehmen, dass man ohne schützendes Dach im Freien steht, noch so ernst, dass sie zu einem Kerker werden. Wir können sie aber auch nicht einfach als bedeutungslos betrachten. Denn wenn wir völlig auf diese Konstrukte verzichten, werden wir nicht einmal in Erfahrung bringen, wer wir sind und was wir wollen. Aber wir dürfen sie auch nicht dermaßen ernst nehmen, dass sie zu einem Verlies werden, aus dem wir nicht mehr herauskommen. Dieses gesunde Gleichgewicht ist das, was die LGTB-Identitäten am besten charakterisiert. Kein Bär hält sich so sehr für einen Bären, dass er versucht, Lachs mit Prankenhieben zu fangen. Wenn diese Pakete sich jedoch mit Wesenhaftigkeiten oder Naturgesetzen vermischen, werden sie zu einem Käfig mit all seinen unerbittlichen Auswirkungen.

Die Homosexualität als solche ist ein Mittel, die Forderungen des Konzepts und der festgefügten Normen zu lockern. Um diese Ansprüche einzuschränken und sie einem Mindestmaß an Vernunft zu unterstellen, ist es ganz entscheidend aufzuzeigen, dass die Pakete aus Elementen bestehen, die sich auch getrennt und einzeln handhaben lassen. Die Elemente Weiblichkeit/Staubsauger/Tratsch etwa oder Männlichkeit/Glühbirnen/Autos sind nicht durch Naturkräfte so fest verschmolzen, dass wir keine Möglichkeit hätten, sie einzeln zu nehmen und anders zu kombinieren. Manche Elemente sind jedoch seit so unerdenklich langer Zeit miteinander verbunden (etwa Frau/Hausarbeiten; Mann/Außerhausarbeiten), dass es die Menschheit Mühe gekostet hat zu glauben, diese Verbindung sei nicht naturgegeben, sondern veränderbar.

Um der Wahrheit gerecht zu werden, müssen wir anerkennen, dass die Heterosexuellen von sich aus einige grundlegende Schritte zu dieser Entdeckung der Freiheit getan und sogar gezeigt haben, dass sie fähig sind, Elemente aus den Randzonen ihrer Waben zu ändern. Es ist noch gar nicht so lange her, dass die Frauen eine Revolution in Gang setzen mussten, um Hosen zu tragen, und die Männer sich frei und modern zu fühlen begannen, wenn sie (hell-)rosa Hemden trugen. Heute nehmen heterosexuelle Männer furchtlos den Staubsauger zur Hand, und heterosexuelle Frauen sind fähig, Steckdosen zu reparieren.

Dennoch ist keine dieser Korrekturen an den randständigen Elementen so wirksam wie Veränderungen im eigentlichen Zentrum der fixierten Wesenhaftigkeiten. Die Homosexualität als solche impliziert eine Revolution im innersten Kern dieser Konzepte, die häufig wie Käfige funktionieren. Die Wabe «Männlichkeit» basiert weniger auf Steckdosen, Härte und Behaarung, sondern sieht den Schwerpunkt in der Inbesitznahme und Beherrschung einer Frau. Andererseits kreisen in dem Kästchen «Weiblichkeit» das Geschirrspülen, die Zärtlichkeit oder die Schminkutensilien um einen zentralen Kern, der sich durch die Hingabe und den Gehorsam gegenüber einem Mann auszeichnet. Die Homosexualität, ja, allein schon die Tatsache, dass sie existiert und sich zeigt, macht deutlich, dass die verschiedenen Elemente, sogar die grundlegendsten, sich einzeln verwenden und neu zusammenstellen lassen: Selbst das Element «Inbesitznahme einer Frau» kann von dem Kästchen «Männlichkeit» abgekoppelt werden. Auch das Element «Hingabe an einen Mann» kann von der Wabe «Weiblichkeit» abgetrennt werden. Und wenn selbst die wesentlichsten Elemente sich aus ihrer traditionellen Verbindung herauslösen und auf andere

Weise kombinieren lassen, gibt es keinen Grund zu der Annahme, die randständigen Elemente wären unverrückbar.

Wir Homosexuellen neigen viel weniger dazu, unsere Identität in ein Verlies zu verwandeln. Auch wir können auf vollständige Programme zurückgreifen oder auf mehr oder weniger große Fragmente vorgefertigter Programme. Aber selbst wenn wir das tun, bewahren wir immer eine spielerische Distanz (auf die wir noch zurückkommen werden), die uns ermöglicht, in ihnen als Bürger in Freiheit zu leben (sie zu betreten und zu verlassen, wann wir wollen, sie umzumodeln, um es bequemer zu haben …).

Damit haben wir Homosexuelle allen mehr Freiheit gebracht. Wahrscheinlich werden die Heterosexuellen uns das nie danken (obwohl sie wissen, wie sie es tun könnten). Aber das ändert nichts daran, dass wir die Gitterstäbe des Käfigs, in dem sie saßen, feiner und biegsamer gemacht haben. Jetzt wissen sie (oder können wissen), dass keines der Elemente aus dem Gesamtpaket obligatorisch ist. Jetzt haben die heterosexuellen Männer die Wahl, ihren Freunden nicht mit der flachen Hand auf den Rücken zu schlagen, wenn sie ihnen ihre Zuneigung zeigen wollen. Und in Bälde werden die heterosexuellen Frauen genauso wenig wie die Männer gezwungen sein, sich die Achselhaare zu entfernen.

Die Hüter der fixierten
Wesenhaftigkeiten

Die Hüter der fixierten Wesenhaftigkeiten versuchten mit allen Mitteln zu verhindern, dass es dazu kommt. Um die Kästchen unversehrt (oder halbwegs unversehrt) zu erhalten, versuchten sie, die Schwulen im Kästchen «weiblich» unterzubringen und die Lesben im Kästchen «männlich». Aber sie kamen durcheinander und verloren schon bald die Kontrolle darüber. Daraufhin gab es kein Halten mehr, und die Identitäten wurden immer mehr: Man konnte sehr weiblichen Männern begegnen, aber nicht alle waren schwul, und andererseits gab es in den Bars *Ledermänner*, wie man sie seit Ben Hur nicht mehr gesehen hatte.

Für die Hüter der Wesenhaftigkeiten schien das Ende der Welt gekommen zu sein. Nicht dass wir Homosexuellen sie besonders störten, eigentlich sind wir immer sehr friedfertig und freundlich gewesen. Aber sie machten sich Sorgen, als sie die Käfige zerstört sahen, in die sie die Heterosexuellen eingesperrt hatten. Sie machten sich Sorgen, als ihnen klar wurde, dass sich von da an jeder mit mehr Freiheit bestimmte Elemente herausgreifen und andere beiseite lassen konnte, um sich seine eigene Identität zu bauen. Bedroht war ganz einfach die starre Macht der guten alten Käfige und ihr angeblich naturgegebenes und unverrückbares Wesen.

In den reaktionärsten Kreisen trifft man häufig auf Leute, die sich nur darum sorgen, was mit den Waben geschieht; was den realen Personen und Dingen zustoßen könnte, ist ihnen viel weniger wichtig. Das beste Beispiel dafür haben uns die Bischöfe in den letzten Jahren geliefert: Ihre energische Verteidigung der «Familie» gegenüber der gleichgeschlechtlichen Ehe steht in grellem Gegensatz zu ihrem geringen Interesse an den Schicksalen und Leiden der einzelnen Familien. Wir sehen nicht, dass sie zu Hilfe eilen, wenn zum Beispiel die Wirtschaftskrise Tausende Familien trennt, weil ihre jüngsten Mitglieder sich gezwungen sehen, im Ausland Arbeit zu suchen. Die Bischöfe rufen auch nicht zu Großdemonstrationen gegen die niedrigen Löhne oder die hohen Preise auf dem Wohnungsmarkt auf, die es immer schwerer machen, eine Familie zu gründen. Sie empören sich auch nicht über die prekäre Arbeitsplatzsituation, die zur Folge hat, dass viele Paare kaum noch Zeit miteinander verbringen können, dass ihre Schichten ständig wechseln, dass ihre freien Tage oder der Urlaub nicht mehr zusammenfallen und dass es schließlich unmöglich wird, etwas Gemeinsames in der Familie zu planen. Tatsächlich treten sie nicht einmal durch ihre Predigten gegen die ungerechten (und im Übrigen illegalen) Gesetze hervor, die es den Banken (die wir gerettet haben) erlauben, Familien ohne die geringsten rechtlichen Sicherheiten aus ihren Wohnungen zu vertreiben.

Wie ist das möglich? Was ist nur in sie gefahren? Wie können sie der Ansicht sein, dass die Ehe zwischen Personen gleichen Geschlechts heute die größte Bedrohung für die Familie darstellt? Die Antwort ist einfach: Als Hüter der Wesenhaftigkeiten beschränkt sich ihre Aufgabe darauf, über das Konzept «Familie» zu wachen, weshalb es ihnen ziemlich gleichgültig ist, welches Schicksal wir Familien aus Fleisch und Blut erleiden. Exil, Arbeitslosigkeit, Unsicherheit des Arbeitsplatzes oder Zwangsräumungen bereiten den einzelnen Familien große Sorgen, aber sie schädigen nicht das Familienkonzept Mann+Frau+Nachwuchs, das von all dem unberührt erhalten bleibt. Dagegen ist die gleichgeschlechtliche Ehe ein schwerer Schlag für dieses Konzept. Eine Familie, die aus zwei Männern oder aus zwei Frauen und ihren Kindern besteht, schadet keiner anderen Familie, aber sie stellt ein Attentat auf das fixierte «Wesen» der «Familie» dar, das heißt, auf die Vorstellungen, die sich seit undenklichen Zeiten um diesen Begriff gruppieren.

Genau aus diesem Grund versuchten die spanischen Bischöfe unter Aufbietung all ihrer Energien zu erreichen, dass wenigstens nicht das Wort «Ehe»[6] verwendet würde, wobei sie die ausgefallensten Argumente heranzogen (einschließlich einiger etymologischer Art, die, nähme man sie ernst, den Frauen am Ende sogar das Recht auf Erbe und Vermögen[7] absprächen). Wie besessen wurde darüber gewacht, keine Veränderung an den Kästchen und der Ordnung der Wörter zuzulassen. Den Hütern der fixierten Wesenhaftigkeiten geht es gar nicht so sehr darum, dass zwei Männer oder zwei Frauen zusammenleben oder Sex miteinander haben, sie wollen vor allem verhindern, dass dies «Ehe» genannt wird. Das Attentat auf die Wesenhaftigkeit und die natürliche Ordnung der Welt liegt in der Behauptung, es handle sich um eine Ehe oder eine Familie. Aber warum dieser verbissene Kampf um die Wörter? Weil sie sich auf die Ordnung der Wörter stützen, um die Art und

Weise, in der die Vorfahren die Dinge gruppierten, als «naturgegeben» zu verteidigen.

In dieser Hinsicht gibt es zweifellos einen Unterschied zwischen einem theologischen Papst, der sein Leben lang nur mit Konzepten zu tun hatte, und einem sozialen Papst, der den Armen geholfen und daher mit Menschen zu tun gehabt hat.

Über den möglicherweise natürlichen Ursprung

Es geht nicht darum zu bestreiten, dass einige dieser begrifflichen Verbindungen einen natürlichen Ursprung haben können. Zweifellos ist es die Natur, die den meisten Paaren unterschiedlichen Geschlechts ermöglicht, sich fortzupflanzen, und sie ermöglicht es keinem gleichgeschlechtlichen Paar. Doch es ist nicht Sache der Natur, zu bestimmen, wie wir Männer und Frauen uns zu benehmen und zu organisieren haben. Tatsächlich sind wir Menschen ja gerade in dem Maß freie Subjekte, wie wir uns nicht darauf beschränken, uns einfach nach von der Natur aufgezwungenen Trieben und Mechanismen zu bewegen.

Ebenso hätte die Art, «das Männliche» und «das Weibliche» in Paketen zu bündeln, ursprünglich einen natürlichen Bezug haben können, etwa der robustere Körperbau der Männer zum Zweck der Jagd oder des Schutzes der Frauen während der Schwangerschaft und der Stillzeit. Zu diesem Thema gibt es sicherlich Hypothesen und Studien. Aber hier interessiert uns ja gerade zu zeigen, dass keine Veranlagung der Natur ein überzeugendes Argument darstellt. Es ist nicht an der Natur, uns Menschen ihre Gesetze aufzuzwingen. Es gab eine Zeit, in der wir weniger Spielraum hatten, um ihre Ungerechtigkeiten zu korrigieren, und uns nichts weiter übrigblieb, als uns diese unter großen Opfern zu beugen. Aber es gibt keinen Ursprung, der rechtfertigen könnte, bestimmte Ungerechtigkeiten aufrechtzuerhalten, obwohl sie nicht mehr notwendig sind (falls sie das überhaupt je waren).

Einfach zu sagen, dass etwas natürlich sei oder einen natürlichen Ursprung habe (was auch immer das bedeuten mag), genügt nicht, um diese Behauptung zu stützen. Etwas anderes ist sicherlich die Tatsache, dass man seinen Körper nicht ändern kann. Aber wenn die Dinge in diesem Sinn natürlich sind – «Gesetzen unterworfen, die man nicht ändern kann» –, können sich die Moralisten doch entspannen und sich das Mobilisieren sparen: Sie werden nichts erreichen, weder in die eine Richtung noch in die entgegengesetzte.

Interessant ist dagegen die Frage, wie viel Natur und wie viel künstliche Konstruktion in den Dingen steckt. Einfach aus Neugier, das heißt aus wissenschaftlichem Interesse, nicht weil das, was als naturgegeben diagnostiziert wird, widerspruchslos hinzunehmen wäre. Und vielleicht auch, weil es wichtig ist, den Ursprung der verschiedenen Vorstellungen zu kennen, um mit ihnen umgehen zu können.

Die meisten Genderstudien konzentrieren sich auf die Künstlichkeit der Konstrukte, mit denen wir uns identifizieren. Ohne Zweifel hat diese Fragestellung sehr erfolgreich dazu beigetragen, einige hartnäckige Trugbilder der Menschheitsgeschichte zu entlarven. Es handelt sich dabei um die Konstrukte, mit denen wir bezeichnen, was wir sind, weshalb wir sie fast automatisch als unser «Wesen» betrachten. Und haben wir Menschen uns einmal auf das Terrain der fixierten Wesenhaftigkeiten begeben, fällt es uns schwer, ihre Natürlichkeit in Zweifel ziehen.

Jedenfalls sollte uns die feste Absicht, die Künstlichkeit vieler natürlich scheinender Dinge aufzuzeigen, nicht verleiten, einen der folgenden Fehler zu begehen: Erstens, irrtümlich anzunehmen, dass alles konstruiert wäre und es keine Vorstellungen gäbe, die direkt und unmittelbar von der Natur beansprucht werden. Dieser Irrtum ist im übrigen gar nicht so gravierend, denn er betrifft nur Philosophen und Leute, die mit solchen Behauptungen ihre eigene Identität aufs Spiel setzen. Im Allgemeinen sind wir gewöhnlichen Menschen durchweg gegen diesen Irrtum immun (im Grunde zu sehr immun).

Viel gravierender – denn er betrifft uns alle und hat möglicherweise sogar den ersteren bewirkt – ist der Irrtum, zu glauben, dass man, falls die natürliche Grundlage bestimmter Vorstellungen bewiesen würde, diese widerspruchslos hinnehmen müsste, als wäre die Natur physisch und moralisch unveränderlich.

Tatsächlich ist es sehr schwierig herauszufinden, wie viel an Natur und wie viel an kultureller Konstruktion in jeder Vorstellung steckt. Aber das ist viel unwichtiger, als wir gewöhnlich glauben.

Nehmen wir zum Beispiel die Promiskuität. Dass wir

Männer generell promiskuitiver sind (oder traditionell gewesen sind) als die Frauen, ist kein bloßes Klischee. Es ist eine Tatsache. Wir Männer ziehen viel häufiger in ständiger Lauerhaltung durch die Welt und nehmen dabei eine viel räuberischere Haltung ein als die meisten Frauen. Den Beweis dafür liefert die Art, in der die Sexualität funktioniert, wenn sie nur zwischen Männern stattfindet. Wenn ein Heterosexueller sich ein Bild davon machen möchte, wie die Dating-App *Grindr* oder irgendeine Dating-Location funktioniert, muss er sich nur vorstellen, was geschähe, wenn die Attitüde, in der er Diskotheken betritt, mit einer identischen Haltung seitens der Frauen beantwortet würde. Eine Orgie.

Für das Problem, das uns hier beschäftigt, ist es allerdings völlig belanglos, dass es sich dabei um eine Tatsache handelt. Von einer bloßen Tatsache ausgehend, kann man unmöglich wissen, wie viel die Natur dazu beigesteuert hat (wenn sie denn überhaupt etwas beigesteuert hat) und wie viel die Kultur.

Es besteht kein Zweifel daran, dass die Sexualität der Männer kulturell stimuliert und die der Frauen kulturell unterdrückt wird. Von klein auf wissen die Männer, dass ihre Promiskuität Zustimmung finden wird, und die Frauen wissen, dass die ihre bestraft werden wird. Es ist logisch, dass man danach strebt, als «Draufgänger» zu gelten, und es vermeidet, als «Hure» betrachtet zu werden, wenn aus irgendeinem Grund «Hure» mit einer abwertenden Bedeutung behaftet ist, «Draufgänger» hingegen nicht.

Doch ebenso wenig steht außer Zweifel, dass es rein biologisch gesehen für die Männchen am effizientesten ist, zu kopulieren, so viel und so oft sie können, für die Weibchen dagegen, äußerst sorgsam darauf zu achten, mit wem sie kopulieren. Das ist generell bei den Säugetieren zu beobachten, und die Erklärung leuchtet ein: Für ein Männchen ist es aus Sicht der evolutionären Anpassung am vorteilhaftesten, sein Erbgut so weit wie möglich auszustreuen. Aufwand und Verbrauch sind dabei äußerst gering. Für die Weibchen hingegen, die ihre Jungen austragen, gebären und säugen müssen, ist der Aufwand für die Verbreitung ihres Erbguts ungeheuer hoch. Daher müssen sie aus eben denselben Gründen der Adaptation mit großer Vorsicht ein Männchen auswählen, von dem sie sich befruchten lassen, und die übrigen vertreiben.

Es ist also sehr schwierig zu wissen, wie viel die Natur und wie viel die Kultur dazu beiträgt; welcher Anteil von unseren Erziehern abhängt, die je nachdem Sittsamkeit oder Verwegenheit von uns fordern, und welcher Anteil unserem Säugetiercharakter zuzuschreiben ist. Wichtig ist, wie wir bereits sagten, im Auge zu behalten, dass dieser Frage weit weniger Bedeutung zukommt, als man für gewöhnlich denkt. Es ist möglich, dass diese Verwegenheit oder diese Sittsamkeit einen teilweise natürlichen Ursprung hat. Aber das ist nicht so wichtig oder sogar völlig unwichtig.

Eine der größten Errungenschaften der Menschheit besteht darin, die sexuelle Lust von den Erfordernissen der Fortpflanzung und der Natur entkoppelt zu haben. Im Allgemeinen wollen wir Menschen vor allem glücklich sein, und dafür ist kaum etwas so wichtig wie ein freies und befriedigendes Sexualleben. Die Grenzen unseres sexuellen Genusses entsprechen dem Recht der anderen, ihrerseits eine freie Sexualität zu leben, das heißt, sie reichen bis an ihr Einverständnis und nur wenig weiter. Wie wir später sehen werden, liegt der Schlüssel zu einer erfüllten Sexualität darin, der Fantasie und der Kreativität freien Lauf zu lassen; das Begehren zu befragen, wie man einen Angeklagten verhört, um ihm Informationen zu entlocken, die er nicht preisgeben will; wie ein Künstler zu arbeiten, um ihm Ideen und Formen zu geben, die ihm die Natur von sich aus nicht liefert; in Kathedralen zu verwandeln, was die Natur uns als Steine gibt. Unsere Sexualität auf ein von der Natur aufgezwungenes Muster zu beschränken, wäre so unsinnig, wie weiterhin in Höhlen leben zu wollen und auf unsere Freiheit und unser Menschsein zu verzichten.

Es ist nicht notwendig zu behaupten, dass alles kulturell konstruiert sei, um die Möglichkeit zu vertreten, dass wir Dinge erschaffen können, die sich von den derzeit existierenden deutlich unterscheiden. Nachdem wir es immerhin geschafft haben, die sexuelle Lust von den reproduktiven Erfordernissen zu emanzipieren, können die Männer, die das wünschen, sich ein wenig ausruhen und in dieser Ruhepause vielleicht bis dahin ungeahnte Arten der Lust entdecken; es ist doch unwichtig, ob ihre Erregung einen kulturellen oder biologischen Ursprung hat. Die Frauen können, wenn sie wollen, sich nach und nach von atavistischen Hemmungen befreien und eher Raubtierattitüden annehmen.

Gegen gewaltige Widerstände (die noch immer andauern) hat sich die Menschheit das Recht erobert, die sexuelle

Lust von der biologischen Fortpflanzung zu trennen. Bei dieser Eroberung haben wir Homosexuelle eine Vorreiterrolle gespielt.

Der natürliche Schein

Der Schlüssel zur Freiheit und zum Glück liegt nicht in dem Wissen, wie viel Natur und wie viel Kultur in uns steckt, sondern darin, dass wir etwas mit dem anzufangen wissen, was uns begegnet, und dass wir weiterhin auf die Fähigkeit der Einbildungskraft vertrauen, wunderbare Dinge aus dem Rohmaterial zu erschaffen, das uns mitgegeben wurde.

Um dieses Ziel zu erreichen, ist es entscheidend zu wissen, inwieweit alles, was wir sind oder sein können, alles, was wir wollen oder was wir begehren können, von dem Namen abhängt, den wir ihm geben.

Die Frage ist elementar. Wenn wir sagen «Ich bin X» («homosexuell», «Frau» oder was auch immer), «Ich mag X» (zum Beispiel «Männer») oder «Ich will X» (zum Beispiel die «universelle Brüderlichkeit» oder «ein eigenes Kind»), dann steht das «X» nicht für eine Person aus Fleisch und Blut, ein besonderes Ding oder ein konkretes Gefühl, sondern für ein Konzept. Das hat ganz wesentliche Konsequenzen. Wenn wir sagen «Ich bin eine Frau», «Ich mag Männer» oder «Ich will ein Kind» bringen wir Wörter ins Spiel, in denen wir stabile Gruppen von Merkmalen, Annahmen und Erwartungen zusammengetragen haben. Das Wort «Frau» bezeichnet viel mehr als das biologische Weibchen der Spezies *Homo sapiens*. Wir erwarten, dass gewisse

Geschlechtsmerkmale zum Beispiel mit einem bestimmten Typ Unterwäsche, bestimmten Verhaltensweisen, bestimmten Parfums oder bestimmten Farben einhergehen. Wenn wir behaupten, dass wir ein «eigenes Kind» wollen, wünschen wir uns im Allgemeinen mehr, als ein einzigartiges Individuum mit 50 Prozent unserer Gene auf die Welt zu bringen. Wir hegen die Erwartung, dass die Zeugung von bestimmten affektiven, kulturell festgelegten Beziehungen begleitet wird. Wenn wir diese Wörter verwenden, dann drücken wir nur die Erwartung aus, in der Welt die Merkmale gruppiert anzutreffen, die auch im Konzept eine Gruppe bilden; das heißt, wir erwarten, dass die Welt nicht zerstreut, was die Wörter vereint haben.

Und tatsächlich enttäuscht uns die Welt fast nie, sie pflegt uns die Elemente beisammen zu zeigen, die in den Wörtern vereint sind. Wir Menschen, wen wundert es, neigen dazu zu glauben, dass wir diese Vorstellungen oder Elemente in einem Wort vereinen, weil wir sie in der Welt beisammen antreffen. Aber oftmals geschieht es, wie schon gesagt, genau andersherum: Diese Elemente begegnen uns vereint in der Welt, weil jemand sie in dem betreffenden Begriff zusammengefügt hat.

Wenn wir das nicht bemerken, halten wir die Wörter für die fixierten Wesenhaftigkeiten, diese Wesenhaftigkeiten für die natürliche Weltordnung und die natürliche Weltordnung für eine unveränderliche Realität. Der Mechanismus ist im Grunde einfach, aber außerordentlich wirksam.

Erst kürzlich, in einem entlegenen Dorf der Provinz Murcia (eigentlich war es gar kein richtiges Dorf, sondern eine abgelegene Siedlung, die zu einem Dorf gehört, das trotz seiner einsamen Lage eine Reiseagentur beherbergt, die für das Luxuswarenhaus El Corte Inglés von Murcia Reisen organisiert), lernte ich einen Mann kennen, von dem ich nicht behaupten möchte, er sei ein schlechter Mensch, und schon gar nicht, ein Faulpelz. Dennoch vertrat er mit felsenfester Überzeugung die Ansicht, Frauen besäßen ein Reinigungs-«Gen» und das sei der Grund, weshalb sie von Natur aus besser saubermachen als Männer. Angesichts einer solchen Behauptung stellt sich als Erstes die Frage: Warum wirft man uns Philosophen vor, wir redeten und dächten sehr abstrakt? Die Antwort ist einfach: An diesem einsamen Ort gibt es nahezu keinen Unterschied (und wenn es ihn gibt, ist er praktisch nicht wahrzunehmen) zwischen den abstraktesten Konzepten («menschliche Natur», «Weiblichkeit») und den konkreten Individuen (einzigartige Menschen, einzelne Frauen). In dem gesamten Gespräch war das einzige abstrakte Konzept, das auf konkrete Hindernisse stoßen konnte, das des «Saubermachens», denn es war gar nicht so leicht, die unterschiedliche Beschaffenheit von «Haushalt» und «Auto» in dieser Hinsicht zu rechtfertigen. Im Übrigen war sich der gute Mann sicher, dass seine Behauptungen nicht nur sehr konkret, sondern auch vollkommen nachweisbar seien. Tatsächlich lautete sein Hauptargument «Du kannst fragen, wen du willst, egal ob Mann oder Frau, du wirst sehen, was sie dir sagen ...» Da ich keine Lust hatte, mich beleidigen zu lassen (wenigstens nicht auf diese Weise), nahm ich die Herausforderung nicht an. Es war klar, dass alle Männer und alle Frauen aus dem Dorf ihm Recht geben würden. Letztendlich handelte es sich um einen Ort, an dem es nicht viel anderes zu tun gab, als mit der zugeschriebenen Wesenhaftigkeit übereinzustimmen. Als einzige Aktivität, die tagsüber möglich war, konnte man Männersachen oder Frauensachen tun. Davon abgesehen war absolut nichts zu tun. Die einzige Möglichkeit, die Zeit totzuschlagen, war, sie darauf zu verwenden, mit dem Konzept übereinzustimmen: Weder die Männer waren bereit, die Frauen bei ihren Domino-Partien zu dulden, noch die Frauen die Männer beim Plaudern. Als einzige Alternative zum Reden mit Frauen über Frauendinge (wovon zum Beispiel Politik ausgeschlossen war) oder zum Tun von Männerdingen mit Männern (was zum Beispiel expliziten Sex zwischen ihnen ohne irgendeine Frau als vermittelnde Ausrede ausschloss), blieb die absolute Langeweile oder die Fahrt mit dem erstbesten Überlandbus in eine Großstadt.

Jedem ist wohl klar, wie gut, mit Blick auf die Freiheit aller, die Präsenz von Homosexuellen an diesen Orten tun würde. Wenn sich die öffentlichen Einrichtungen ernsthaft für die Freiheit aller Bürger einsetzten, müssten sie sogar in Erwägung ziehen, den Homosexuellen Leibrenten zu zahlen, damit sie nicht die ländlichen Gegenden verlassen. Jedenfalls kann man von niemandem ein solches Maß an Menschenliebe verlangen, dass er nur aus selbstlosem Engagement für die Freiheit der Menschen dort bleibt. Und meistens flüchten sich die Schwulen, so bald sie können, an einen Ort, wo die Beschränkung auf die Verkörperung eines Konzepts nicht die einzige Lebensoption ist. Sie tun das vor allem deshalb, weil die allgemeine Reaktion – trotz des offensichtlichen Nutzens, den alle im Hinblick auf die Freiheit daraus ziehen würden – nicht Anerkennung und Dankbarkeit zu sein pflegt, sondern das völlige Gegenteil.

Was sind die Gründe für diese Feindseligkeit? Im Allgemeinen haben sie weniger mit einer konkreten Abneigung gegen Homosexuelle zu tun als mit einem diffusen Verdacht, dass allein schon unsere Existenz in irgendeiner Weise die Ordnung der fixierten Wesenhaftigkeiten der Welt gefährde und damit alles, was sie selber sind. Freie und glückliche Menschen, die sich nicht durch andere Arten der Suche nach dem Glück selber in Frage gestellt sehen, verhalten sich im Allgemeinen respektvoller und offener. Aber die, die sich, wenn auch nur vage, als Sklaven eines Konzepts sehen (das sie nicht einmal richtig glücklich macht), pflegen alles zu verachten, was sie daran erinnert. Ja, sie neigen dazu, Argwohn und Groll zu hegen, verständlicherweise, denn sie fühlen sich in Frage gestellt. Letztlich mag es niemand, wenn ihm vor Augen geführt wird, dass ein Großteil seiner Enttäuschungen vermeidbar gewesen wäre.

Wir Menschen verwenden einen bedeutenden Teil unserer Zeit auf das Bemühen, unserem «Wesen» zu entsprechen, also den grundlegenden Konzepten, mit deren Hilfe wir erklären, wer wir sind. Da uns das im Allgemeinen einigermaßen gelingt, kann es leicht zu Verwechslungen zwischen der Ordnung der Wörter und der natürlichen, unerlässlichen Ordnung der Welt kommen.

Es ist nicht schwer, empirisch nachzuweisen, dass Frauen gemeinhin Frauendinge tun und Schwager Schwagerdinge sagen. Es gibt Muttersätze, die alle Mütter wiederholen, als wären sie alle ein und dieselbe Mutter (mit unterschiedlichen Ausprägungen). Wenn dem nicht so wäre, wären viele Monologe aus Fernsehsendungen wie *Club de la Comedia* undenkbar: Das Lustige an der Parodie eines Schwagers liegt in der Entdeckung, dass es tatsächlich so ist, als hätte man dich beim Heiligabendessen durchs Schlüsselloch beobachtet. Schwager sind einander so ähnlich, dass man zu der Vermutung gelangen könnte, es gäbe in Wirklichkeit nur einen einzigen (obendrein mit Allgegenwärtigkeit begabten). Es ist unwahrscheinlich, dass der Satz «Diese Strecke fahre ich in anderthalb Stunden» von deiner Mutter stammt (im Unterschied etwa zu «Du bist dünner geworden»).

Bisweilen gibt es also eine verblüffend ordnungsgemäße Verbindung zwischen dem Inhalt der Wörter und der Ordnung der Dinge, so dass man die Beziehung, die zwischen beiden existiert, leicht verwechseln kann (und meinen könnte, dass wir sie so nennen, weil sie von Natur aus so sind, statt den umgekehrten Schluss zu ziehen). Da die Welt in denselben Waben organisiert ist, mit denen wir sie benennen, sind wir Menschen versucht zu glauben, das wäre ihre wesenhafte Ordnung und somit die Ordnung, die uns erlaubt, auf sie zuzugreifen, «so wie sie sind» (ja sogar «so wie sie waren, noch bevor sie ihre Namen erhielten»). Und von da ausgehend hält man die «Ordnung der Waben» fast automatisch für die natürliche und unveränderliche Ordnung der Welt.

Exzesse der heterosexuellen Identität II:
Die selbstlose Mutter

In vielen Fällen sind es ebendiese Waben, die die Welt einschränken und einschnüren, um sie an ihre festgefügten Normen anzupassen. Dies aus den Augen zu verlieren, kann unerwünschte Konsequenzen in alle Richtungen nach sich ziehen.

Nehmen wir zum Beispiel die Mutterschaft. Zweifellos handelt es sich hier um einen starken Trieb mit biologischem Ursprung. Die Schwangerschaft und das Aufziehen eines Kindes erfordern eine Hingabe und eine Opferbereitschaft, die durch eine hohe Belohnung oder einen beträchtlichen Grad an Leichtsinn ausgeglichen werden müssen. Andernfalls wäre eine Spezies, deren Junge Jahre benötigen, bevor sie allein zurechtkommen, schon lange ausgestorben.

Nun werden aber Menschenjunge von Menschen ausgetragen und aufgezogen, und wie wir gesehen haben, kennzeichnet uns vor allem das Bedürfnis, auf die Fragen «Wer sind wir?» oder «Was wollen wir?» mit Wörtern zu antworten. Mit Wörtern antworten bedeutet (sofern man nicht sehr achtgibt), den kompletten Inhalt des Programms herunterzuladen, ohne dass wir es merken. Alle anderen Säugetiere beschränken sich darauf, Junge aufzuziehen nach Regeln, die die Natur festlegt. Löwinnen bringen Junge einfach so zur Welt und ziehen sie kurzerhand auf, ohne diese Distanz, die wir Philosophen «Selbstbewusstsein» nennen und die es einer Frau ermöglicht, sich ausdrücklich als «Mutter» zu erleben, zu fühlen und zu denken.

Die Menschenmütter wissen also, dass sie Mütter sind, und sie wissen – das ist noch wichtiger –, was Mutter sein bedeutet. Dabei ist dieses Muttersein eine Mischung aus natürlichen und traditionellen oder anzestralen Elementen, die sich nicht ohne weiteres voneinander unterscheiden lassen. Erneut finden wir es ziemlich unerheblich, wie hoch der biologische und der kulturelle Anteil an dieser Sache jeweils ist. «Mutter sein» bezieht sich nicht nur auf das Austragen und Säugen. «Mutter sein» beinhaltet ein komplettes Paket von Gebräuchen, Verhaltensmustern, Erwartungen, Gefühlen usw.; eine regelrechte Bedienungsanleitung für das, was man zu tun hat, und sogar für das, was man zu fühlen hat. Nehmen wir zum Beispiel das Lied, mit dem die spanische konservative Partei Partido Popular von Valencia sich zur Verteidigung der Familie verstieg:

Wir sind Mütter, wir halten unser Heim sauber und rein, wie alle arbeiten wir und sind uns für nichts zu schade, daran besteht kein Zweifel, als Chauffeurinnen, Krankenschwestern, Köchinnen und Schneiderinnen, Lehrerinnen, Sängerinnen und sogar Künstlerinnen, Geschichtenerzählerinnen, Maurerinnen und Ökonominnen. Wir sind Mütter. Das eine oder andere graue Haar zeigt sich an unserer Schläfe, und wir weinen, wenn ein schon erwachsenes Kind uns verlässt.

Sicher haben wir alle das schon vergessen – das nennt sich Verdrängung und besteht darin, für sich als ungesund erachtete Dinge aus dem Bewusstsein zu verstoßen –, aber es

ist tatsächlich passiert: Mit diesem Lied, das vom Mütter-
chor des Colegio de Esclavas del Sagrado Corazón de Jesús
gesungen wurde, schloss der Partido Popular von Valencia
am 12. November 2011 den Festakt zur Verteidigung der
Familie.

Jedenfalls ist dem «Muttersein» seit Menschengedenken
eine minutiöse Bedienungsanleitung zur Seite gestellt, die
unser Leben bis in die kleinsten Einzelheiten vorzuschrei-
ben vermag. Die Entscheidung, eine «gute Mutter» zu sein,
bedeutet, ein ganzes Paket zu erwerben und darauf die eigene Identität zu errichten. Auf diese Weise geschieht es
schließlich, dass eine große Zahl von Müttern in allen Einzelheiten das komplette Rezept ausführt. Und tatsächlich: Je
traditioneller eine Gesellschaft ist, desto häufiger setzen sich
alle Mütter in genau denselben Anteilen aus denselben Zutaten zusammen. Das trägt natürlich zu dem Trugbild bei,
dass die Dinge «von Natur aus» so wären, dass es im Wesen
«Mutter» etwas Natürliches und demzufolge Unabänder-
liches (aber im Zweifelsfall auch moralisch Zwingendes)
gäbe.

Wieder einmal besteht das Problem nicht so sehr darin,
dass wir Menschen unsere Identität formen, indem wir
komplette Pakete (oder zumindest große Teile davon) auf-
nehmen. Das Problem ist vielmehr, dass dies in den meisten
Fällen geschieht, ohne dass wir es merken, und folglich,
ohne dass wir überhaupt Gelegenheit haben zu entscheiden,
welche Elemente wir wollen und welche nicht. Eng damit
verbunden existiert außerdem das Problem, dass die Waben
sehr häufig repressive oder diskriminierende Inhalte trans-

portieren, die nach innen wie nach außen gravierende Auswirkungen haben.

Bis heute bedeutet Mutter zu sein (oder noch schlimmer, zu fühlen, dass man Mutter sein muss, um eine vollkommen verwirklichte Frau zu sein, das heißt fähig, in vollem Umfang die fixierte Wesenhaftigkeit «Frau» zu verwirklichen) häufig, dass man auf ein aushäusiges Berufsleben oder sogar auf jegliches Gesellschaftsleben verzichtet und seine Identität vollständig um die Mutterschaft konstruiert. Das hat für die Mütter wie auch für ihre Kinder schädliche Konsequenzen. Für die Mütter beschneidet diese traumatische Erfahrung einen Großteil ihrer Möglichkeiten auf anderen Gebieten, und sie erzwingt ein hohes Maß an Verzicht. Allein das ist eine Ungerechtigkeit, die nicht geduldet werden kann. Aber hinzu kommt, dass auf die eine oder andere Weise das extrem hohe Maß an Verzicht nach einer Entschädigung verlangen wird. Wenn man zugunsten der Mutterschaft auf alles verzichtet, ist es sehr wahrscheinlich, dass man von den Kindern eine affektive Belohnung verlangt, die sie nicht zu geben vermögen. Das erzeugt natürlich Enttäuschung, ja sogar den Eindruck der Undankbarkeit (und damit eine sichere Quelle des Unglücks).

Andererseits möchte niemand sich ganz und gar auflösen und verschwinden. Es ist nicht angenehm, sich in nichts zu verwandeln. Doch diese Drohung steht ständig im Raum, wenn die gesamte Identität um die Mutterschaft konstruiert wird. Nicht selten versuchen dann die Mütter zu verhindern, dass ihr Leben seinen Sinn verliert, indem sie alles tun, um die Bedingungen zu verlängern, in denen ihre schützende Funktion unverzichtbar ist. So übertreiben sie zum Beispiel die äußeren Gefahren, die ihre Söhne und Töchter bedrohen, und machen aus ihnen verängstigte und schüchterne Kinder. Die Mütter der Kinder des Colegio de Esclavas del Sagrado Corazón de Jesús mögen sich für ausgezeichnete Mütter halten, wenn sie es genießen, sich als Chauffeurinnen, Krankenschwestern, Köchinnen und Schneiderinnen, Lehrerinnen, Sängerinnen, Künstlerinnen, Geschichtenerzählerinnen, Maurerinnen und Ökonominnen zu betätigen, aber am wahrscheinlichsten ist, dass sie Menschen heranziehen, die weder fähig sind, allein zurechtzukommen, noch das mütterliche Nest zu verlassen, bevor sie eine andere Dienerin gefunden haben.

Ohne dass wir es merken

Wie ist es möglich, dass all das geschieht, ohne dass wir es merken? Oder besser gesagt, wie ist es möglich, dass so ein zurechtgebasteltes Gebilde funktioniert und die Heterosexuellen es nicht einmal ahnen? Die Antwort darauf ist wieder einfach: Wenn deine Identität nach demselben Modell zusammengebaut ist wie alle anderen (oder fast alle anderen), siehst du keine Notwendigkeit, sie einer rationalen Prüfung zu unterziehen. Unter solchen Bedingungen ist es durchaus möglich, geboren zu werden, aufzuwachsen, sich fortzupflanzen und zu sterben, ohne auch nur zu bemerken, dass man sein ganzes Leben (bis in die belanglosesten Einzelheiten) damit verbracht hat, eine Melodie zu spielen, die man nicht komponiert hat, genauestens die von den Vorfahren aufgestellten Regeln zu befolgen, die einst festlegten, was ein richtiger Mann und was eine richtige Frau ist (was, wie wir gesehen haben, nicht nur das Rezept der sexuellen Orientierung einschließt, sondern zum Beispiel auch die Anweisung, wie man ein Gaspedal betätigen muss). Wir Homosexuellen hingegen (und eigentlich alle Sexualitäten, die nicht dem Mainstream angehören) durchschauen den faulen Zauber, wenn auch nur deshalb, weil wir – wie später noch deutlich werden wird – von Jugend oder sogar von Kindesbeinen an über diese Angelegenheit nachgedacht haben, um zu verstehen, was in diesem System versagt: die Wörter oder die Dinge (das heißt die guten alten Käfige oder wir). Diese frühe Erfahrung der «Abkoppelung» zwischen den Kästchen und einem selbst (oder zwischen den Wörtern und den Dingen) kann zur Vernichtung der Individuen führen, wenn sie unter Bedingungen extremen gesellschaftlichen Drucks stattfindet (in einer dichten und abgeschlossenen Atmosphäre, in der kaum Spielraum bleibt, um die Kästchen von außen zu betrachten und anzufechten). Tatsächlich hat es das ziemlich häufig über Jahrzehnte gegeben: Menschen, die sich selber nicht zu akzeptieren vermochten und sich ihr Leben lang mit dem Vorwurf quälten, dass sie Personen ihres eigenen Geschlechts sexuell begehrten. Doch dank der Bemühungen einer Handvoll heldenhafter Aktivisten ist es heute einfacher, diese Spannung zugunsten der Menschen und zulasten der Waben zu lösen. Wenn wir beim eigentlichen Erwachen der Sexualität die «Abkoppelung» entdecken, können wir gar nicht anders als daran zu denken; eine Weile nachzudenken über das Verhältnis zwischen unserem Begehren und dem Begehren, das die gesellschaftlichen Konventionen von uns erwarten; uns zu fragen, mit welchem Recht (und auf welcher Grundlage) von uns verlangt wird, dass wir einer so starren und so detaillierten Bedienungsanleitung nachkommen. Und wenn diese rationale Reflexion eine Lösung zu unseren Gunsten findet (das heißt zugunsten der Menschen, der Dinge und der Welt), verliert das Reich der guten alten Käfige mit einem Schlag einen Großteil seiner Macht. Die meisten Heterosexuellen erreichen diese rationale Distanz selten (oder sehr spät). Sie wachsen konfliktlos und so bequem in ihren Käfigen auf, die die Welt für sie bereitgestellt hat, dass sie oft nicht einmal merken, wie sie sich in ihrem Leben darauf beschränken, Rezepte auszuführen, an deren Zusammenstellung sie selber kein Mitspracherecht hatten.

Freud ist die wesentliche Entdeckung der konkreten Mechanismen zu danken, durch die sich dieser Prozess auf unbewusste Weise vollzieht. Bei unserer Geburt sind wir eine libidinös unbestimmte Masse (eine Art Knäuel aus Verlangen, das nichts Genaues und Konkretes will, denn es benötigt noch alles), die nach und nach Gestalt annimmt. Und tatsächlich entdeckt Freud, dass diese formlose Triebmasse, die wir bei unserer Geburt sind (diese «polymorph perversen» Anlagen, die noch auf kein «Objekt» fixiert sind und folglich alles unbestimmt begehren), ihr Begehren allmählich herausbildet in dem Maß, wie sie zu sprechen lernt und sich in ein bestimmtes Netz von Normen einfügt. So fixieren sich über alle möglichen Identifikationen, Projektionen, Verschiebungen, Sublimierungen usw. auf mehr oder weniger stabile Weise nach und nach Objekte, bis daraus die mehr oder weniger definierten triebhaften Subjekte entstehen, die wir am Ende sind.

Freud unterscheidet sich in seiner Sichtweise gewaltig von anderen, wenn er entdeckt, dass selbst die Elemente, die als die unmittelbarsten, natürlichsten und spontansten gelten – einschließlich des eigenen sexuellen Begehrens –, sich als Erzeugnis eines bestimmten kulturellen Rezepts erweisen, als Ergebnis einer bestimmten Art, Zutaten zu kombinieren.

Das Kind bildet nach und nach ein Bewusstsein heraus, zunächst einmal darüber, wer es (er oder sie) ist, und von da ausgehend ein Bewusstsein dessen, was es will, was es begehren darf, was ihm untersagt ist … und all das grenzt es mit Wörtern ein. Tatsächlich kann es das auf keine andere Weise tun. Um anderen und sogar dir selber zu erklären, was du bist oder was du begehrst, musst du Wörter verwenden und zum Beispiel sagen «ich bin eine Frau», obgleich es (möge dies einigen auch noch so sehr gefallen) niemanden gibt, der sein Dasein allein auf dieses (oder irgendein anderes) Konzept beschränkt; oder «ich mag Männer», obwohl es wahrscheinlich niemanden gibt, der sämtliche Personen mag, die unter das Konzept (hochgewachsene, kleinwüchsige, dicke, dünne, alte, junge, weiße, schwarze …) «Männer» fallen.

Aber diese Wörter enthalten, wie wir bereits erklärt haben, jeweils ein Programm mit einem kompletten Rezept für jedes Gericht, also die Zutaten und in welchem Verhältnis diese miteinander zu vermengen sind, um eine «gute Mutter», einen «richtigen Mann» oder eine «perfekte Gattin» abzugeben. Und so beginnen wir – haben wir uns erst einmal benannt –, ohne dass wir es merken, uns selbst zu kochen, nach Großmutters Rezept (in dem Glauben, es gäbe kein anderes).

Das «ozeanische Gefühl», ein hitziger, ursprünglicher Strom

Als «ozeanisches Gefühl» bezeichnet Freud die grenzen- und schrankenlose Unermesslichkeit, die existiert, noch bevor sich das «Ich» entfaltet und als einen von der Außenwelt abgeschiedenen Teil erkennt. «Ursprünglich enthält das ‹Ich› alles», und erst mit der Zeit und dem Erlernen der Sprache scheidet es die Außenwelt von sich ab. Das «Ich» ist gewissermaßen der Rest, der übrig bleibt, nachdem wir eingesehen haben, dass wir nicht alles sind. Wir sind eine Art verkümmerter Rückstand eines viel umfassenderen Gefühls. Und insofern ist es immer sehr frustrierend, etwas Konkretes zu wollen. Etwas Konkretes zu begehren, beinhaltet jedenfalls schon in sich den Verzicht darauf, alles zu begehren, alles zu haben und alles zu sein. Dieser Verzicht kann nichts anderes als schmerzlich sein für den hitzigen ursprünglichen Strom, der in Abwesenheit einer Form – ohne Normen und Waben, ohne konstruierte Bahnen, über die man das Begehren in bestimmte Richtungen lenken und von anderen wegleiten kann – gern alles penetrieren, überall eindringen würde. Er würde gern alles in sich einführen, egal in welche Öffnung, er würde alles so sehr lieben, dass er es am liebsten auffressen würde, er würde alles so sehr hassen, dass er es am liebsten zerstören würde.

Zwangsläufig frustrierend daran ist, dass ein konkreter Wunsch den Verzicht auf eine Fülle bedeutet. Aber wir können auch nicht abstrakt wollen: Abstrakt begehren – absolut alles begehren einschließlich miteinander in Widerspruch stehender Dinge –, ohne etwas konkret zu begehren, ist so viel wie gar nichts begehren. Etwas begehren bedeutet zumindest, nicht (gleichzeitig und im selben Sinne) das völlige Gegenteil zu begehren. Wenn wir zum Beispiel etwas lieben wollen, können wir es nicht hassen; wenn wir es umsorgen wollen, können wir es nicht zerstören wollen … Und das ist, auch wenn es unglaublich scheint, für das pure, ungestaltete, potentielle Urbegehren des ursprünglichen Stroms bereits ein schmerzlicher Verzicht.

Das mag befremdlich klingen, aber wenn wir uns einmal selber betrachten, entdecken wir, dass wir Menschen tatsächlich so schlecht gemacht sind. Wir sind irreparabel zusammengeschustert, aber mit diesem Pfusch müssen wir leben. Ohne Kanäle zur Lenkung des Begehrens (in bestimmte Richtungen und somit nicht in andere) zu bauen, kann man nichts wollen. Aber wie entscheiden wir, in welche Richtung wir das Begehren lenken, wenn wir nicht vorher wissen, was wir begehren? Für dieses Problem gibt es keine Lösung. Darum neigen wir häufig dazu, es auf höchst abenteuerliche Weise zu lösen. Da wir oft gar nicht wissen, was wir wollen, begehren wir einfach das, was in unserer Vorstellung der neben uns begehren könnte: Darin besteht im Grunde die Dreiecksstruktur des Begehrens.

Aber auch so noch sendet der hitzige ursprüngliche Strom unaufhörlich Signale aus, dass er nicht bereit ist, auf seine vollständige Befriedigung zu verzichten, auf die Fülle, die er erlangen würde, wenn er alles hätte. Alles bedeutet eben wirklich *alles*: jedes vorstellbare Ding und sein Gegenteil. Man braucht nur irgendeine Person (einschließlich uns selber) zu nehmen, die mit ihrem Partner streitet, um festzustellen, dass das Widerspruchsprinzip die Leidenschaft des Begehrens nicht im Mindesten beeinträchtigt. Jeder mit Blut in den Adern weiß, dass es durchaus möglich ist, eine Person, die man liebt, zu hassen, und auch, mit ihr leben zu wollen und sie gleichzeitig nie wiedersehen zu wollen. Es ist nicht leicht zu sagen, was da im Innern brodelt, denn sobald wir es zu erklären versuchen, bricht nichts weiter als ein Schwall widersprüchlicher Wörter aus uns hervor.

Tatsächlich ist die Liebe das Gefühl, in welchem wir der Wiederaufnahme des Kontakts mit dem ursprünglichen Strom am nächsten sind. Was man an einer Paarbeziehung am meisten genießt (und darin besteht ein Teil der Liebe), ist eigentlich der wiedergewonnene Kontakt mit der *Ganzheit* (der Unermesslichkeit und der Fülle), auch wenn sich der Kontakt darauf beschränkt, das Recht zu spüren, den Vorwurf zu erheben, dass die *Ganzheit* nie erlangt wird (außer und höchstens in einzelnen Momenten der Lust). Von entscheidender Bedeutung in der Liebe ist die Befriedigung, die dadurch entsteht, dass zumindest die Möglichkeit existiert, die Abwesenheit des Absoluten zu bemängeln (tatsächlich geschieht es häufig, dass man von einem Menschen, für den man nicht alles zu geben bereit ist, den Vorwurf zu hören bekommt, mit ihm «nichts zu wollen»; dann ist es meistens nicht gut, darauf zu antworten: Doch, man wolle etwas, aber eben nur etwas, nicht alles).

Darum lieben wir auf widersprüchliche Weise und verlangen von dem (den) geliebten Menschen widersprüchliche Dinge. Wem gefiele es nicht, von jemandem geliebt zu werden, der sanft und hart ist, Löwin und Vögelchen, rau und zart, Herr und Sklave, fest und nachgiebig, ein wenig dominant und ein wenig unterwürfig, alles in einer Person, zur gleichen Zeit und im selben Sinne?

Später werden wir sehen, dass so jemand ein Luxus ist, den die Heterosexuellen aus verschiedenen Gründen nur unter großen Schwierigkeiten erlangen, unter anderem, weil sie das Begehren in vorgefertigten Bahnen kanalisieren und im Allgemeinen sehr wenig Freiraum haben, auf diese einzuwirken. Außerdem verteilen diese Bahnen die Positionen zwischen Männern und Frauen auf eine gleichermaßen starre wie ungerechte Weise.

Fürs Erste wollen wir uns darauf beschränken, auf die Existenz dieses ungeformten ursprünglichen Stroms hinzuweisen. Eine nicht kanalisierte Ladung Begehren tut sich zum Beispiel im Wutausbruch eines Kindes kund. Das bockige Kind mag sich ganz sicher sein, dass es mit all seinem Wollen eine konkrete Sache begehrt (die es sogar zu benennen vermag). Doch sobald es sie bekommen hat, entdeckt es oft, dass es gar nicht das war, was es mit so viel Lärm begehrt hatte. In Wirklichkeit war es weder dies noch irgendetwas anderes. Vielmehr entlud es ein Begehren in abstrakter Form.

Es handelt sich um einen ungeformten Urtrieb; eine ele-

mentare Energie, über die man nichts wissen kann, bevor sie
zu etwas Definiertem wird, die aber dennoch ein mächtiger
Strom ist, der niemals auf seine Befriedigung verzichten
noch aufhören wird, widersprüchlich zu sein, so sehr man
auch versucht, ihn in Worte zu fassen (die im Unterschied
zum ozeanischen Gefühl ja gerade dafür gedacht sind, das
Widerspruchsprinzip zu beachten).

Bei Freud ist dieses Substrat, das vor jedem konkreten
Begehren existiert, eine noch ungeformte Masse, bestehend
aus widersprüchlichen Gefühlen, Eros und Thanatos, einem Trieb der Liebe, des Aufbaus und der Harmonie und
dem völligen Gegenteil, einem Todes- und Zerstörungs-
trieb. Die Kraft, alles so sehr zu lieben und zu hassen, dass
man es am liebsten auffressen und zerstören, es umsorgen
und vergewaltigen und beschützen würde ... Von etwas zu
reden, wie Freud es tut, indem man auf seinen widersprüchlichen Charakter verweist, bedeutet nichts anderes als hinzunehmen, dass man nichts darüber wissen kann. Doch dass
wir nichts über dieses Rohmaterial in Erfahrung bringen
können, hat nichts mit der Tatsache zu tun, dass es in keinem erdenklichen Käfigsystem seine Wirkungen entfalten
kann.

Heute ist es anscheinend bei vielen Philosophen Mode geworden zu sagen, Freud sei überholt, und wenn man nichts
über diese «Urtriebe» wissen oder sagen könne (allenfalls im
Rahmen mythologischer oder dichterischer und dabei auch
noch widersprüchlicher Bezüge, wie im Fall von Eros und
Thanatos), dann deshalb, weil es solche Triebe nicht gebe
oder weil sie nicht real seien (denn im strengen Sinne real

seien nur Dinge mit einer Gestalt). Dennoch glaube ich, dass wir uns nur einmal zusehen müssen (zum Beispiel bei unserem letzten Beziehungsstreit), um zu erahnen, dass wir tatsächlich am Rande dieses Vulkans entlangwandern.

Die Wichtigkeit, es Sex zu nennen

In der Beziehung zwischen dem ursprünglichen Strom und den Wörtern pflegen die Dinge genau anders herum zu geschehen, als wir es uns vorstellen. Beim Sex zum Beispiel neigen wir zu der Annahme, dass das Begehren zuerst da ist und erst danach das Wort kommt. Doch es verhält sich umgekehrt: Wir bezeichnen nicht Dinge mit «Sex», die uns auf eine bestimmte Weise erregen, im Gegenteil, wir lassen uns auf diese bestimmte Weise von Dingen erregen, die wir «Sex» nennen.

Das weiß jeder, der sich irgendwann einmal entschlossen hat, mit seiner eigenen Sexualität zu experimentieren. Darunter gibt es eine Unzahl von Dingen, die wir unangenehm oder widerlich finden können, sogar langweilig oder nichtssagend, aber wenn wir es schaffen, sie in dem Kästchen «Sex» unterzubringen, werden sie höchst erregend und unterhaltsam. Und hier ist «Unzahl» keine bloße Redensart, sondern eine genaue Mengenangabe: Es sind buchstäblich unendlich viele. Es genügt, dass jemand den passenden Knopf drückt oder die richtige Taste. Es gibt keine Tür, die sich nicht öffnen lässt, man muss nur den entsprechenden Hebel finden. Und diese Hebel sind eigentlich immer alle zur Hand (auch wenn es nicht immer ganz leicht ist, sie zu finden). Es genügt, dass man irgendwann der eigenen Sexualität freien Lauf gelassen hat (oder dass man einen Freund hat, der es einem erzählt, wie in meinem Fall), um zu wissen, dass diese Operation im Grunde mit allem zu bewerkstelligen ist. Wer hat sich nicht schon irgendwann mit den absonderlichsten Dingen erregt (oder hat nicht einen Freund, der es getan hat)? Eine Flüssigkeit, ein Geruch, eine Aufgabe, ein Verhalten oder ein Umgang können höchst erregend sein, wenn es einem gelingt, sie in das Kästchen «Sex» einzuordnen. Die Menschenmenge und die Gerüche in der U-Bahn unterscheiden sich nicht sehr von denen einer Orgie (nach dem, was man mir erzählt hat), und doch haben sie mit ihnen in puncto Befriedigung natürlich nichts gemein.

Die Heterosexuellen haben zum großen Teil das Problem, dass sie sich kaum auf dieses Spiel einlassen, das darin besteht, ohne Sinn und Verstand Tasten zu drücken und Hebel zu aktivieren. Ein Heterosexueller wird bei der Lektüre dieses Buches denken, dass das nicht stimmt, aber das ist mit ziemlicher Sicherheit nur deshalb so, weil er nicht fähig ist, sich etwas vorzustellen, das über das hinausgeht, was ihm seine Bedienungsanleitung erlaubt. Die Heterosexuellen, die sich das gesamte Programm herunterladen, finden das Kästchen «Sex» schon ausgefüllt vor. Das Wort wird ihnen vererbt und mit ihm die festen Grenzen und die beschränkte Fähigkeit zur Erneuerung; an erster Stelle wird den Männern praktisch das Monopol der Initiative zugesprochen (was, wie ich vermute, häufig danebengeht). Vielleicht würde der eine oder andere heterosexuelle Mann (unter denen, die ehrlicher sind als der Durchschnitt) eingestehen, dass dies zutrifft, allerdings nur in Bezug auf den Sex mit der Ehefrau und Mutter seiner Kinder. Ihrem Begehren freien Lauf zu lassen, fällt ihnen oft leichter mit Prostituierten (oder mit Strichern, es gibt Heterosexuelle für jeden Geschmack). Um diese Angelegenheit kümmern wir uns später.

3
Die kreative Freiheit

Ausgehend von dem, was im vorangegangenen Kapitel erläutert wurde, dürfte es nicht schwerfallen zu verstehen, warum die Homosexualität es ermöglicht, die Waben von außen zu betrachten und auf diese Weise zu vermeiden, dass sie zu einem Gefängnis werden. Diese rationale Distanz erlaubt es uns, wie wir im Verlauf dieses Kapitels sehen werden, freier (und glücklicher) zu sein.

Die geschenkte Distanz

Gehen wir von einer gesicherten Tatsache aus (auf die wir uns bereits im Abschnitt «Ohne dass wir es merken» bezogen haben), ohne die dieses *Lob* nicht verstanden werden kann: Wir Homosexuellen haben alle (ausnahmslos) irgendwann einmal (ausdrücklich und bewusst) an die «Homosexualität» gedacht. Dagegen hat die Mehrheit der Heterosexuellen nie auch nur eine Minute ihres bewussten Lebens darauf verwandt, an die «Heterosexualität» zu denken. Im Allgemeinen sind die Heterosexuellen Heterosexuelle, wie die Pinguine Pinguine sind: spontan, unmittelbar, ohne daran denken zu müssen. Hingegen gibt es keinen Homosexuellen (nicht einen einzigen), der sich nicht wenigstens in einem Moment seines Lebens wie ein Philosoph verhält: in dem er sich fragt, was die Homosexualität ist und die Sexualität im Allgemeinen, wie das Begehren kanalisiert und erkannt wird oder worin eine Identität besteht.

Dieses Privileg ist das glückliche Ergebnis einer perversen Ursache. Wie wir schon sagten, können Situationen der Ungerechtigkeit nicht selten zu einem positiven Ergebnis führen. Und dies ist hier der Fall.

Wir Homosexuellen wurden zwangsweise außerhalb dieser Schablone von Regeln angesiedelt, die Tradition und Bräuche aufgestellt haben (und die darum als natürlich betrachtet wird). Wir passen nicht richtig in die Waben (im Grunde passen wir überhaupt nicht zum Schlussstein der Kuppel des Gesellschaftsgebäudes), und genau deshalb ist es für uns eine Notwendigkeit (und nicht einfach eine Option), über diese Waben nachzudenken und ihre Gültigkeit zu hinterfragen, seitdem wir denken können. Man kann sagen, dass wir Homosexuellen schon von Hause aus die Möglichkeit in uns tragen, die Käfige zu verlassen und sie von außen zu betrachten. Diese Distanz schafft einen Freiraum, der den Heterosexuellen im Allgemeinen fehlt.

Sicherlich lernen die Heterosexuellen heutzutage nach und nach, die Kästchen nicht mehr ganz so ernst zu nehmen, mit ihnen zu spielen, Elemente aus verschiedenen Programmen zu kombinieren. Der eine oder andere Mann beschließt, seine Haut zu pflegen, und die eine oder andere Frau, wegen der Haare in ihrer Leistengegend nicht zu leiden. Aber keinem ist verborgen geblieben, dass wir Homosexuellen, indem wir öffentlich und sichtbar Elemente verändern, die zum Fundament des Gebäudes gehören, allen dabei geholfen haben, ein wenig ihren Käfigen zu entfliehen und zumindest die Randelemente freier zu gestalten. Der Tag wird kommen, auch wenn er noch fern ist, an dem die Heterosexuellen uns nicht nur achten oder dulden, sondern unseren Beitrag zu ihrer Freiheit anerkennen und uns dafür dankbar sein werden.

Später werden wir untersuchen, weshalb die Möglichkeit, mit den Kästchen zu spielen, eine Voraussetzung für Freiheit ist. Ohne diese Fähigkeit zum Spiel ist die Entwicklung der Persönlichkeit nicht wirklich frei, sondern eine reine Fiktion von Freiheit. Wir werden auch untersuchen, inwiefern die Notwendigkeit, von Kindheit oder Jugend an alle Vorschriften der Vorfahren dem Urteil der Vernunft zu unterziehen, uns freier und glücklicher (und in gewissem Sinne besser) macht.

Aber bevor wir uns diesen grundlegenden Angelegenheiten zuwenden, müssen wir über einen Vorteil der Homosexualität reden, der für gewöhnlich übergangen wird und bei den heterosexuellen Männern fast ausnahmslos großen Neid erweckt, sobald sie sich seiner bewusst werden.

Das Recht der Schwulen, unsere Käfige zu genießen

Die männliche Sexualität so zu genießen, wie sie konstituiert ist, ist ein Sonderrecht der Schwulen. Die patriarchalische Repression der Frauen ist so archaisch und so tief verwurzelt, dass es ihr gelungen ist, unser Leben bis in alle Einzelheiten mit kriminellen Auswirkungen zu durchsetzen. Um wenigstens zu versuchen, das zu korrigieren, sind die heterosexuellen Männer verpflichtet, alle ihre Verhaltensweisen zu überwachen und mit Argwohn zu betrachten. Dagegen dürfen wir Männer, die Sex mit Männern haben, uns dieser Bürde entledigen, ohne Angst haben zu müssen, ein Unrecht zu begehen.

Tatsächlich begegnet uns die Sexualität häufig in Gestalt einer Verteilung von Machtpositionen: Eine aggressive und räuberische Position (die in dem üblichen Kästchen-System dem Mann entspricht) wird ergänzt durch eine Position der Beugung und Unterwerfung (die gewöhnlich der Frau zukommt).

Eine wiederkehrende sexuelle Phantasie ist zum Beispiel die Phantasie von absoluter Unterwerfung, Vergewaltigung, völliger Beherrschung oder Passivität: Jemanden als reines Objekt behandeln oder als solches behandelt werden. Möglicherweise ergibt sich das teilweise daraus, wie die männliche Sexualität durch das Patriarchat konstituiert ist. Möglicherweise auch nicht. Aber diese Frage muss uns in unserer Situation als Subjekte, die den Sex genießen wollen, nicht weiter beschäftigen. Selbst wenn man zugesteht, dass all dies die Folge eines gewalttätigen und repressiven Konstrukts ist (und nichts Natürliches und Unausweichliches daran ist), bleibt es eine Tatsache, dass wir es mit einer so gestalteten Sexualität und einem so gestalteten Begehren zu tun haben. Selbst wenn noch darüber nachgedacht wird, ob wir Opfer dieses aggressiven und patriarchalischen Konstrukts sind, ist es eine Tatsache, dass wir Opfer sind. Und es wäre wirklich der Gipfel, nicht nur in der Selbstbestimmung unseres Begehrens Opfer des Patriarchats zu sein, sondern dann auch noch der Befriedigung unseres Begehrens beraubt zu werden. Eine Sache ist es, dass das Patriarchat uns auf perverse Weise konstruiert, eine andere, dass uns obendrein verwehrt wird, unsere Lust zu leben.

Aber die männliche Sexualität, wie wir sie vorfinden, zügellos auszuleben, können sich die Heterosexuellen nicht so unbekümmert erlauben. Es könnte sein, dass solche Formen der Sexualität (wenn dabei der Mann die Frau beherrscht) dazu beitragen, die Beherrschung und die Mechanismen der Unterwerfung zu verstärken, die in untragbarem Ausmaß in den verschiedenen Bereichen des Lebens zu beobachten sind.

Wir sollten nicht die Tatsache aus den Augen verlieren, dass die Heterosexuellen im Gegensatz zu den Homosexuellen töten. Auch neigen heterosexuelle Männer weit eher dazu, aktiv an nicht einvernehmlichen Vergewaltigungen unter Erwachsenen[8] beteiligt zu sein. Dominanzspielen freien Lauf zu lassen, kann dazu beitragen, die Plage der Gewalt gegen Frauen noch zu verschlimmern. Es gibt Spiele, die vielleicht nicht für Heterosexuelle zu empfehlen sind.

Exzesse der heterosexuellen Identität III: Die weibliche Prostitution

Im Abschnitt «Die Wichtigkeit, es Sex zu nennen» haben wir darauf hingewiesen, dass heterosexuelle Männer häufig bei Prostituierten und Strichern eine Art von Sex suchen, den sie mit der Mutter ihrer Kinder (von der sie gewöhnlich verlangen, dass sie eine Heilige ist) abstoßend finden würden. Bevor wir ein so delikates Thema angehen, müssen wir zwei wichtige Dinge klären.

Erstens müssen wir darauf hinweisen, dass die Prostitution ein Phänomen fast ausschließlich männlichen Konsums ist. Sowohl in der weiblichen als auch in der männlichen Prostitution sind die Kunden fast alle Männer. Ich habe schon mehrfach betont, dass es nicht einfach ist (und in Wirklichkeit auch nicht besonders interessant), herauszufinden, welchen Anteil die Natur und welchen die Kultur an diesen Dingen hat (obgleich es einige gute Gründe für die Vermutung gibt, dass die Natur generell weniger Anteil daran hat, als wir für gewöhnlich glauben). Jedenfalls ist es eine unbestrittene Tatsache, dass Prostitution fast ausschließlich von Männern konsumiert wird. Man kann das Thema nicht behandeln, ohne von dieser Tatsache auszugehen.

Zweitens ist zu berücksichtigen, dass wir den Begriff «Prostitution» für zwei sehr unterschiedliche Dinge verwenden. Viele Missverständnisse rühren daher, dass wir mit demselben Wort die freie und einvernehmliche Ausübung der Sexarbeit und gleichzeitig die Entführung, den Verkauf und die Versklavung von Menschen meinen. Sicher ist es in vielen Fällen nicht so leicht, die eine Situation von der anderen zu unterscheiden, aber eines steht so ziemlich außer Zweifel: Die weibliche und die männliche Prostitution sind in dieser Hinsicht zwei völlig unterschiedliche Welten. Die überwältigende Mehrheit der sich prostituierenden Männer tut dies unter freien Bedingungen. Das bedeutet nicht, dass sie es mit Genuss tun. Es ist eine harte Arbeit, aber Arbeiten, die man mit Genuss ausübt, sind selten. Es bedeutet nur, dass sie sich entschließen, diese Arbeit auszuüben, weil sie in ihr Vorzüge gegenüber den anderen Alternativen sehen, die der (von Prekariat und Ausbeutung zerstörte) Arbeitsmarkt anbietet. Auch behalten die männlichen Sexarbeiter meistens weitgehend die Kontrolle über die Bedingungen und die Ausübung ihres Berufs.[9] Es ist mehr als zweifelhaft, dass dies auch für die weibliche Prostitution zutrifft.

Nachdem wir diese beiden Fragen geklärt haben, kehren wir zum eigentlichen Thema dieses Abschnitts zurück. Beim Konsum von Prostitution pflegen heterosexuelle Männer nicht nur etwas anderes zu suchen als das, was sie mit ihren Frauen machen, sondern häufig das genaue Gegenteil: manchmal mit der Zärtlichkeit für ein Baby oder einen Welpen behandelt zu werden (sie, die immer alles unter Kontrolle haben, die alles wissen, die alles können, die nicht weinen, die Männer sind); manchmal Gewalt und alle Arten von Demütigungen an dem Körper der Frau auszulassen (sie, deren Aufgabe es ist, die Frau vor allen Gefahren zu schützen, ihre Sicherheit und ihren Lebensunterhalt zu gewährleisten; sie, die Kavaliere, die bereit sind, sich wegen der geringsten Beleidigung zu duellieren); und sehr viel häufiger, als man annimmt (jeder züchtige heterosexuelle Leser würde erröten, wenn er es wüsste; und den unzüchtigen würde es trösten zu wissen, dass er nicht allein ist), suchen sie sich Prostituierte oder Stricher, von denen sie erniedrigt, unterworfen, ausgepeitscht, beschimpft, bespuckt werden wollen … (sie, ja sie, die immer stark sind, die die Schwäche und die Empfindsamkeit verachten, die mit anderen konkurrieren, anderen gegenüber wie Raubtiere auftreten).

Es geht nicht darum, dass sie von den Prostituierten das verlangen, was sie «wirklich» wollen, sondern darum, dass sie das von ihnen verlangen, was sie ihren Frauen nicht zu gestehen wagen. Das Problem ist, dass sie, wie wir alle, eine Sache und zugleich ihr Gegenteil begehren. Eine festgefügte heterosexuelle Identität ermöglicht aber nur mit Hilfe von Heuchelei, Doppelmoral und einem schizophrenen Leben, diese Ambivalenz, diesen Widerspruch zu befriedigen. Ich vermute sogar, dass viele heterosexuelle Männer es widerlich fänden, wenn ihren Frauen die gleichen Dinge gefielen wie die, die sie mit den Prostituierten zu tun belieben. Warum? Weil ihre Ehefrauen keine Huren sind. Und die Huren sind, na ja, wie ihr Name sagt, Huren und keine Heiligen.

Wie wir schon gesehen haben, hat das Begehren der Menschen immer etwas Widersprüchliches. Aber die Art, wie die so ungeheuer traditionelle und zähe heterosexuelle Identität diesen Widerspruch gelöst hat, hat etwas Erschütterndes: Um den Widerspruch zu lösen, hat sie die Frauen in zwei Pferche (einer so ungerecht und repressiv wie der andere) aufgeteilt: Auf der einen Seite die Guten (gute Mütter und gute Ehefrauen), denen man alles austreiben musste, was sie an Hurenhaftem in und an sich hatten. Auf diesem Weg verübte man in der Menschheitsgeschichte ein unverzeihliches Attentat auf das Recht der Frauen, in Freiheit ihr eigenes Begehren (so ungeheuerlich und widersprüchlich wie das aller Menschen) zu entwickeln und zu genießen.

Und auf der anderen Seite die Schlechten, die zu Unsichtbarkeit und Isolation verdammt wurden, geächtet, diskriminiert, ausgeschlossen oder weggeschlossen in Lasterhöh-
len, damit die heterosexuellen Männer die Seiten A und B
ihrer eigenen Persönlichkeit so genießen konnten, dass sie
nicht miteinander in Berührung kamen (und der Widerspruch nicht offenbar wurde).

Unter uns Homosexuellen funktionieren die Dinge nicht
auf diese Weise, weder in unseren festen Beziehungen (Paar,
Trio oder was auch immer) noch hinsichtlich der Prostitu-
tion. Wir wissen, dass wir alle etwas Engelhaftes und etwas
Dämonisches in uns haben, und wir kommen nicht auf die
Idee, nach jemandem zu suchen, der es nicht hat (denn wir
würden ihn nicht finden). Wir kommen auch nicht auf die
Idee zu versuchen, von den Personen, die wir lieben, ein
Stück abzutrennen, um nur noch eine Hälfte von ihnen zu
behalten. Ebenso wenig sind die Stricher mit einem so unge-
heuren Stigma behaftet, wie es die Frauen erleiden müssen:
Sie tun, was wir alle tun, aber sie sind hinreichend schön,
reizvoll oder professionell, dass sie damit Geld verdienen
können. Darum sind sie immer, wenn auch oft ohne es zu
merken, ein Motiv für mehr oder weniger explizit manifes-
tierten Neid: Sie können sich nicht nur bezahlen lassen für
das, was wir übrigen unentgeltlich machen, sie machen außerdem untereinander (oder mit denen, die so schön, reizvoll oder professionell sind wie sie) das, wofür wir übrigen
bezahlen müssten. Wir Homosexuellen machen uns selten
Illusionen über die zwei (zehn, hundert, tausend) Seiten unserer Persönlichkeit, und wir wollen denen, die wir lieben,

weder etwas abtrennen, noch verachten wir den, der genießt, was wir begehren.

Es sei nochmals darauf hingewiesen, dass überhaupt nichts Schlechtes daran ist, eine Seite A und eine Seite B zu haben, oder besser gesagt, es ist sogar unvermeidlich, so zusammengeschustert wie wir Menschen sind. Hätte allein Gott uns mit eigenen Händen geformt, wären wir vielleicht anders, aber indem wir ein wenig von Gott, ein wenig vom Teufel, ein wenig von Geschichte und Kultur und auch ein wenig von uns selbst geformt worden sind, kommen seltsame Dinge dabei heraus. Dennoch existieren Wege, die Angelegenheit gerechter, vernünftiger und gesünder zu gestalten als mit Hilfe der festgefügten Identität der Heterosexuellen, die versuchen, die Sexualität bestimmter Frauen (der «guten») und die Würde anderer (der «schlechten») zu beschneiden, wenn sie dadurch der (stets befremdenden) Tatsache des eigenen Begehrens aus dem Weg gehen können und nicht darin herumstochern müssen. Der Freiraum für eine Selbsttäuschung in Dingen, die kein anderer als man selber kennt, ist praktisch unendlich groß. Auf dieser Grundlage ist man der Meinung, dass alles in Ordnung sei, wenn nur der gute Ruf der Herren geschützt ist (selbst wenn das nur um den Preis einer wahnsinnigen Welt zu haben ist).

Es entbehrt jeder Logik

Der hier erwähnte Widerspruch ist ein Bestandteil des Menschen. Wir sind ein Pfusch, der nicht zu reparieren ist. Der Bereich Sex und Begehren ist nicht für Logik gemacht. Das

wenige Logische in der Welt des Sex wurde ihr (wie wir im
vorangegangenen Kapitel gesehen haben) mit Hilfe der
Sprache aufgezwungen, die versucht, einen unbändigen ursprünglichen Strom, der sich nie ganz von Reden und Ge-
sprächen täuschen lässt, in Wörter zu gießen. Wenn die
Liebenden, statt den Sex zu genießen, beschließen, dass sie
«reden müssen», läuft etwas Entscheidendes schief; tatsächlich könnte man sagen, dass die Menschen (oder zumindest
die Liebenden) sich nicht verstehen, «indem sie reden», sondern «indem sie ihre Lust leben».

Aber um auf vernünftige und gesunde Weise seine Lust
zu leben, muss man lernen, eine Sache und ihr Gegenteil
zu genießen, das Schmutzige und das Reine, das Schäbige
und das Glänzende, das Gehobene und das Schmierige, das
Oben und das Unten, das Innen und das Außen, das Lieben,
das Vergewaltigen, das Umsorgen, das Verzehren … alles
gleichzeitig und im selben Sinne, aber wohlgemerkt immer
in dem Bewusstsein, dass nie und in keiner Richtung etwas
ausreichend ist.

Von der geschlossenen Welt
zum unendlichen Universum

Dieser widersprüchliche Charakter des ursprünglichen
Stroms macht aus ihm ein unendliches Universum. Wie
schon erwähnt, vermögen wir Menschen uns nicht mit weniger als *Allem* zu begnügen. Und darum entdecken wir immer, egal was wir tun, dass es nicht genau das war, was wir
suchten (das, was uns dieses Mal, endlich, vollständig zufrie-

denstellen würde). Es muss immer etwas sein, das es nur woanders gibt, aber wir wissen weder was noch wo (und können es auch gar nicht wissen). Somit ist es das Vernünftigste, auf Forschungsreise zu gehen und nach neuen Welten Ausschau zu halten. Diese Expeditionen werden nie das Eldorado entdecken, aber unterwegs sorgen sie für faszinierende Abenteuer.

Unter Moralisten unterschiedlichster Couleur ist ein Argument Mode geworden, das den unendlichen und unersättlichen Charakter des ozeanischen Gefühls teilweise akzeptiert und zugleich versucht, die Neugier einzuschränken, die so menschlich ist und sich in jedem Bereich (von der Wissenschaft bis zur Geschichte) stets als so fruchtbar erwiesen hat. Diese (rechten oder linken) Moralisten teilen die Idee, dass man, wenn man der Fantasie und der Neugier freien Lauf lässt, immer versucht, «noch darüber hinaus», «jedes Mal einen Schritt weiter» zu gehen, und demzufolge unausweichlich bei grässlichen – objektiv und eindeutig grässlichen – Dingen endet wie der Päderastie oder anderen Formen von nicht einvernehmlichem Sex. Wenn dem so wäre, wäre es am Vernünftigsten, die Welt des Sex möglichst geschlossen zu halten.

Doch dieser Denkansatz beruht auf der grundsätzlich falschen Voraussetzung, dass schon der «ursprüngliche Strom» in einer bestimmten Reihenfolge geordnet ist, das heißt, dass jedes Element notwendigerweise auf vorherbestimmten Wegen auf das vorangegangene folgt. In Wirklichkeit aber besitzt der ursprüngliche Strom selbst in dieser Hinsicht weder Ordnung noch Plan.

Im Allgemeinen tut man gut daran, fast allen Eskalationstheorien zu misstrauen. In Bezug auf den Drogenkonsum zum Beispiel wird oft gesagt, dass man mit einem Joint beginnt und heroinsüchtig endet. Das beruht auf einem grundlegenden Irrtum: der Annahme, dass eine Sache, die auf eine andere folgt, von dieser verursacht wurde. Es ist richtig, dass es sicher nicht viele Heroinsüchtige gibt, die nicht vorher schon mal an einem Joint gezogen haben. Aber es gibt sicher auch einige, die schon mal ein paar Bier getrunken hatten, bevor sie sich den ersten Schuss setzten; und jeder fände es absurd zu behaupten, dass ein paar Bier die ersten Schritte auf einem Weg sind, der erst endet, wenn man zum Junkie geworden ist.

Diese Eskalationstheorie trifft genauso wenig auf den Sex zu: Es gibt keine vorherbestimmte Richtung, es gibt keine im Voraus geordnete Reihenfolge oder, wie Antonio Machado sagt, «Es gibt keinen Weg, Wege entstehen durch Gehen».

Wenn wir uns erneut in eine kleine, enge Welt zurückziehen wollen, um sexuelle Missbräuche und Verbrechen zu vermeiden, heißt das, dass wir nicht verstanden haben, wie Sex funktioniert: Die größte Gefahr (das, was tatsächlich den meisten Fällen von Missbrauch zugrunde liegt) ist das vergebliche Streben nach einem Ideal von Keuschheit und Reinheit, das für die Menschen unerreichbar ist. Wir, die wir auf direkte, unmittelbare und unbefangene Weise alles Schmutzige, Schmierige, Unanständige, Verdorbene, Schamlose und Obszöne des Sex genießen, wissen um die unendlich vielen Richtungen, in die unendlich viele Wege (allesamt gleichermaßen widersprüchlich) beginnen können. Und obgleich wir uns mit Begeisterung dieser Aufgabe widmen, wissen wir, dass es selbst in unendlich vielen Leben nicht möglich ist, die unendlichen Weiten des einvernehmlichen Sex zu durchwandern.

Die finstere Kehrseite des asketischen Ideals: die Päderastie

Die Behauptung, es sei möglich, den Sex zu verdrängen, bis er verschwindet, ist so naiv (wegen ihrer Prinzipien) wie verbrecherisch (wegen ihrer Auswirkungen). Die wesentlichen Forderungen des ursprünglichen Stroms werden in irgendeiner Weise zutage treten, so viel ist sicher, und wenn sie es nicht an einer etwas schmutzigen und obskuren Stelle tun, dann an einer, die noch schmutziger und noch obskurer ist. Es ist kein Zufall, dass ein beträchtlicher Teil der sexuellen Missbräuche an Minderjährigen von Männern verübt wird, die sich unerreichbare Ideale von Keuschheit und Zölibat auferlegen. Wenn das gesamte Konstrukt auf der Vorstellung beruht, dass Sex etwas Schmutziges ist und man ihn deshalb fliehen sollte, erstaunt es nicht allzu sehr, dass die «Flucht» vollzogen wird, indem man sich diejenigen als Opfer wählt, die jenes Siegel der Reinheit, Jungfräulichkeit und Unschuld liefern, das die Kindheit auszeichnet.

Der Missbrauch von Minderjährigen gehört zu den widerwärtigsten Verhaltensweisen, die man sich vorstellen kann. Das ist leicht zu verstehen. Aber es lässt sich nicht immer so leicht erkennen, dass er seinen Ursprung häufig in einem unerreichbaren asketischen Ideal hat. In den eklatantesten Fällen von Missbräuchen an Minderjährigen kann man sich unschwer einen Geistlichen vorstellen, der sich selber erzählt, dass er mit seinen ersten Berührungen im Grunde nur das Jesuskind verehre. Wenn ein verrücktes asketisches Ideal alle Türen verschließt, übernimmt nicht selten ein Ungeheuer die Kontrolle über die Situation und zerstört dann das Leben aller Jungen und Mädchen, denen es begegnet.

Wenn vermieden werden soll, dass sich solche Verbrechen ereignen (und nicht nur, dass über sie gesprochen wird), kann man nur scheitern mit dem Versuch, die Welt zu verkleinern, den Sex zu verdrängen oder ihn auf etwas Sauberes und Reines zu reduzieren. So ist Sex nicht und wird auch nie so sein. Darum ist es besser, sich zu entspannen und in vollen Zügen die unerschöpflich schamlose Welt zu genießen, die der einvernehmliche Sex eröffnet.

Kreativität an die Macht

Der unbekümmerte und vollständige Genuss der eigenen Sexualität, so wie sie vom Patriarchat geformt worden ist, ist ein Luxus, der uns Schwulen vorbehalten ist. Wenn wir Lust darauf haben, können wir mit Genuss rohe, dominante und gewalttätige Männer sein, ohne Angst haben zu müssen, Frauen zu unterdrücken oder weiterhin zu ihrer Unterdrückung beizutragen.

Aber einfach nur von unserem vorgefundenen Kästchen zu profitieren, ist nicht genug. Die Unermesslichkeit, deren wir fähig sind, zu erkunden (zumindest ein wenig), bedeu-

tet, die Aufgabe ernst zu nehmen, aus dem uns mitgege-
benen Rohmaterial etwas Kreatives zu machen. Und dafür
bietet die Homosexualität, wie wir sehen werden, eine besonders geeignete Plattform.

An dieser Stelle sei ausdrücklich darauf hingewiesen, dass
dieses Spielen und freie Erschaffen nicht im Entferntesten
als ein Zwang zu verstehen ist. Wir schaden niemandem, indem wir so sind, wie man es von uns erwartet (das heißt, indem wir getreu die Anleitungen unserer Wabe befolgen),
und deshalb soll man uns in Ruhe lassen, wenn wir uns darauf beschränken wollen, dem uns zugedachten Modell zu
entsprechen.

Jedenfalls verfügen wir Homosexuellen (und allgemein
alle nicht normativen Sexualitäten) über einen großen Vorsprung, wenn es darum geht, uns aus der Starrheit der Kästchen zu emanzipieren (sofern wir das wollen). Dabei ist zu
berücksichtigen, dass diese Kästchen immer auf einem zu
engen «Sex»-Konzept konstruiert werden. Als hätte man
sich, aus Angst vor Forscherscharen, einen kleinen Pferch
von Praktiken abgesteckt, die allein als Sex bezeichnet werden dürfen. Doch jeder, der noch ein klein wenig neugierig
auf das Leben ist, wird festgestellt haben, wie leicht (so wie
Beschwörungen funktionieren) wir fast jede beliebige Sache
in «Sex» verwandeln können, wenn wir sie in Gedanken
mit diesem Wort verbinden. Wir alle haben ein unerschöpf-
liches und immer neu zu entdeckendes Terrain voller Ab-
gründe zur Hand, aber aus verschiedenen Gründen haben
wir Homosexuellen es leichter, Zugang zu ihm zu finden
und es zu genießen.

Privilegien der Aristokratie

Einer der Gründe, weshalb wir Homosexuellen im Vorteil sind, wenn es darum geht, die dunkle Seite zu erforschen, ist rein äußerlich: Uns «Sonderbaren», die wir als Minderheit gelten oder einfach als irrelevant für die Gesamtheit, hat man oft einen größeren Freiraum zugestanden als den Gruppen, die die Grundpfeiler einer bestimmten politischen und gesellschaftlichen Ordnung bilden.

Dieser äußerliche Grund ist nicht der Hauptgrund (wie wir sehen werden, wenn wir die innerlichen Gründe behandeln), aber er ist nicht unerheblich. Aus demselben Grund hat man in vielen Fällen den Adligen ein Recht auf Individualität zugesprochen, das allen übrigen verweigert wurde. Einem Aristokraten ließ man individuelle fehlgeleitete und extravagante Verhaltensweisen durchgehen, für die gewöhnliche Leute hart bestraft wurden. Diese Freiheiten wurden erlaubt, weil sie auf einige wenige Personen beschränkt waren und somit keine Gefahr bestand, dass sie sich auf die Gesamtheit der gesellschaftlichen Ordnung ausdehnten und die Homogenität zersetzten, die erforderlich war, um Tradition und Sitten zu bewahren.

In ebendiesem Sinn gestattet man uns Homosexuellen einen größeren Freiraum. So wie es allen ergeht, die ein bisschen außerhalb oder am Rand stehen (die Verrückten, die Dichter, die Sonderbaren im Allgemeinen), spüren auch wir viel weniger Druck, den Normen der Gesamtheit entsprechen zu müssen. Die Welt der Homosexuellen bewegt sich in einer Atmosphäre der Freizügigkeit, die nicht allen zuteil wird: Sie reicht von den Provokationen und der Anmache, die den *Tunten* erlaubt sind, bis zum massiven Konsum von Poppers beim Sex. Die Gesellschaft hat akzeptiert, dass wir Homosexuellen Dinge tun, die sie als Verhalten der Allgemeinheit ablehnen würde. Diese Freiheiten basieren auf dem Vertrauen, dass die Pferche klare und ziemlich undurchlässige Grenzen besitzen: Sie können den Homosexuellen zugestanden werden, ohne große Gefahr zu laufen, dass sie sich auf die Gesamtheit der gesellschaftlichen Ordnung ausdehnen.

Aber dieses Vertrauen hat sich als etwas naiv erwiesen. Gewiss ist die Unterteilung in (mit Wörtern errichtete) Pferche ziemlich wirksam. Tatsächlich entstehen daraus Welten, die undurchlässiger sind, als man es vermuten würde. Dennoch sprechen die Personen der unterschiedlichen Pferche miteinander und beobachten sich. Die LGTBI-Welt vermochte mit Stolz zu zeigen, dass man freier und glücklicher sein kann, wenn man eine Zeitlang (oder ein Stück weit) den Mainstream verlässt.

Wir Homosexuellen erstreben die Demokratisierung und Verbreitung dessen, was einst das Privileg einiger weniger war (und selbst heute noch ist). Wie die Französische Revolution versucht auch die unsrige, Privilegien abzuschaffen und sie in Rechte zu verwandeln, denn so gewinnen wir alle dabei. Nichts hindert uns gewöhnliche Menschen daran, allesamt außergewöhnlich zu sein. Dieses Privileg, das auch heute noch nur wenigen zugestanden wird, muss zu einem Recht für alle werden. Andere Privilegien, etwa die finanziellen, sind nicht so leicht zu teilen. Wenn man eine Sache an jemanden abgibt, hört man auf, ihr Besitzer zu sein. Mit dem Sex und der Kreativität hingegen verhält es sich genau umgekehrt: Die Erfahrungen der Befreiung, die kühnsten Fantasien, die Entdeckungen jeder Expedition, die künstlich erschaffenen Welten werden mit jedem, der an ihnen teilhat, reicher und umfassender. Man kann alles hingeben und es dabei weiterhin unversehrt (und sogar durch neue Erfahrungen bereichert) bewahren. Wir Homosexuellen setzen uns als Avantgarde seit Jahren dafür ein, dass alle freier werden; auch dafür, dass sich die Heterosexuellen (zumindest zeitweise oder ein Stück weit) von der kompletten Bedienungsanleitung befreien können, die alles enthält, was eine «normale Person» ausmacht.

Die Pferche sind nicht hermetisch abgegrenzt. Hat man einmal die Würde genossen, selber in Freiheit die Regeln für das eigene Leben zu erschaffen, lässt man sich nicht so leicht in den Pferch zurückholen. Wir Menschen bleiben nur dann widerstandslos in unseren Gehegen, wenn wir sie für etwas Natürliches und Unausweichliches halten. Wenn wir entdecken, dass es sich um einen Drahtverhau handelt, den die Vorfahren errichtet haben, fordern wir das Recht ein, selber die Grenzen unserer Person abzustecken. Das ist leicht machbar und stört niemanden, denn im Unterschied zur Erde wird diese Welt um so weiter, je mehr Menschen sie teilen. Wir Homosexuellen haben die Vorhut gebildet, aber es zeichnet sich der Tag ab, an dem auch die Heterosexuellen die alten Schranken überwinden und ihr Leben in Freiheit entfalten werden.

Die unfertigen Pakete

Neben der gesellschaftlichen Permissivität gegenüber den
«Sonderbaren» gibt es, wie wir schon sagten, auch eher in-
nerliche Gründe dafür, dass wir Homosexuellen im Vorteil
sind, wenn es darum geht, uns frei zu erschaffen, das heißt,
uns wirklich zu den Gesetzgebern unseres eigenen Lebens
zu machen und uns nicht darauf zu beschränken, aus der
Vergangenheit ererbte Regeln zu befolgen. Einer dieser
Gründe ist ganz offensichtlich die Tatsache, dass wir es immer (ob wir wollen oder nicht) mit «unfertigen Paketen» zu
tun haben.

Die Heterosexuellen vermögen (und pflegen) sich, wie
bereits erwähnt, durchs Leben zu bewegen, indem sie einer
Bedienungsanleitung folgen, an deren Erstellung sie kein
Mitspracherecht hatten: Lange bevor sich die beiden Personen eines Paares kennenlernten, war bereits (auf ziemlich
mysteriöse Weise) entschieden, wer die Windeln wechseln
und wer die Glühbirnen austauschen würde.

Wir Homosexuellen hingegen müssen die Gesamtvertei-
lung der Positionen für jedes einzelne Detail entscheiden
(und deshalb zuvor überdenken). Selbst wenn wir wollten,
könnten wir uns nicht das komplette Programm herunterladen. In jedem einzelnen Fall müssen wir entscheiden, wer
sich auf Waschmaschinen spezialisiert, wer auf Geschirr-
spülmaschinen, wer den Wagen fährt oder wer beim Syl-
vesteressen alles besser weiß.

Allerdings können wir, um die Dinge zu vereinfachen
(und bei anstehenden Entscheidungen nicht bis in winzigste

Details hinabsteigen zu müssen), Beziehungen mit Hilfe von mehr oder weniger großen Stücken bereits fertiger Pakete herstellen: Wenn du ein aktiver Schwuler oder eine Lesbe mit kurzen Haaren bist, ist es wahrscheinlicher, dass du den Wagen fahren musst.

In jedem Fall trennt uns, so oft wir auch zur Vereinfachung einige vorgefertigte Module einsetzen mögen, ein Abgrund vom durchschnittlichen Heterosexuellen: Wir verlieren selten aus den Augen, was an den Modulen vorgefertigt ist, und entsprechend wahren wir ihnen gegenüber eine gesunde Distanz. Keine der Schablonen halten wir für natürlich oder unveränderlich. Wir wissen, dass sie recht beliebig konstruiert sind, und haben deshalb immer die Möglichkeit, die Elemente zu ändern, die wir ändern wollen (oder die unser Lebenspartner nicht zu akzeptieren bereit ist).

Es ist immer verlockend (und in gewisser Weise passiert es von allein), eine standardisierte Rollenverteilung zu übernehmen, statt fortwährend Steinchen für Steinchen in allen Einzelheiten die gesamte Struktur einer Beziehung (von zwei, drei oder mehr Personen) neu entscheiden zu müssen.

So geschieht es häufig, dass der Ältere (oder der mit dem höheren Gehalt oder der, der gern Auto fährt) sich wie ein Panther auf den anderen stürzt, um ihn zu umsorgen, und ihm rigoros seinen Schutz aufzwingt. Und nicht selten akzeptiert das Opfer (oder der Nutznießer) dieser Fürsorge mit Behagen die Behandlung (auch wenn sie etwas Vorgefertigtes hat). Doch die beiden Partner wissen stets besser als der durchschnittliche Hetero, was an der Beziehung fest vereinbart ist, und daher auch, was in jedem Moment korrigiert werden kann. Mit anderen Worten, wir pflegen nicht aus den Augen zu verlieren, dass das Verhältnis aus Schutz, Sicherheit, Zuneigung, Fürsorge, Abhängigkeit, Verwundbarkeit, Selbstgenügsamkeit usw. Beziehungen unterschiedlichster Art bilden kann.

Was wir über uns selber wissen

Unsere Liebesbeziehungen können sich also nicht darauf beschränken, eine Bedienungsanleitung anzuwenden, die schon geschrieben war, bevor die Liebenden sich kennenlernten. Wie wir gerade feststellen, entdecken wir die Künstlichkeit der Pakete (und gehen auf Distanz zu ihnen), lange bevor wir unsere Paarbeziehungen aufbauen.

In Wahrheit machen wir diese Entdeckung bereits in frühester Kindheit oder spätestens als Jugendliche. Sobald wir unsere Persönlichkeit (und mit ihr unser Begehren) zu entwickeln beginnen, entdecken wir, dass da etwas nicht zusammenpasst. Die Dinge entwickeln sich nicht wie vorgesehen: Wenn du ein Mann bist, erwartet man von dir, dass du sexuelles Verlangen nach Frauen zeigst, und wenn du eine Frau bist, nach Männern. Wenn das nicht zutrifft, merken wir schnell, dass etwas nicht in Ordnung ist (im Hinblick auf die Erwartungen der Außenwelt). Im Grunde pflegen wir es zu bemerken, lange bevor irgendjemand (und auch wir selbst) sich vorstellt, dass wir eine Sexualität haben.

Noch sind wir weit davon entfernt, den (ungerechten) Grund für diesen Vorsprung zu beseitigen. Noch gibt es wenige Familien, die die Möglichkeit, dass ihre Kinder schwul oder lesbisch sind, als etwas ganz und gar «Natürliches» sehen. Die Vermutung, das Kind sei heterosexuell, funktioniert weiterhin wie gewohnt ohne bemerkenswerte Hindernisse. Alle sind weiterhin heterosexuell, bis das Gegenteil bewiesen wird. Die Familien selber können sehr verständnisvoll und tolerant sein, aber schwul oder lesbisch sein ist etwas, das man sagen muss, das man deutlich zum Ausdruck bringen muss, worüber man reden muss. Alle würden es seltsam finden, wenn jemand seine Eltern einberiefe, um ihnen zu sagen, dass er heterosexuell ist (und versuchte, den Kummer der Eltern zu mildern mit der Versicherung – im Falle einer Frau –, sie werde nicht die Sklavin ihres Mannes werden, oder – im Falle eines Mannes –, er habe nicht vor, seine zukünftige Gattin zu töten). Dagegen können wir uns selbst heute noch durchaus solche Gespräche zwischen jungen Homosexuellen und ihren Familien vorstellen.

Aber selbst die (noch wenigen) Familien, die versuchen, die Sache möglichst natürlich zu behandeln, sehen sich Hindernissen gegenüber, die die Außenwelt uns aufzwingt. Mit größter Selbstverständlichkeit hält sich das komplette Paket Männlichkeit und Weiblichkeit. Jedwede Änderung an diesem Rezept ist eine Anomalie, die Aufmerksamkeit erregt und demzufolge danach verlangt, analysiert zu werden. Wenn die Änderung den Schlussstein in der Kuppel des Gebäudes (der sexuellen Orientierung) betrifft, ist ein Nachdenken – und sei es nur über einen selber – unvermeidlich. Am Ende der Analyse pflegt man zu entdecken, dass das gesamte Konstrukt nichts weiter als das Muster war, nach dem uns unsere Vorfahren zurechtzuschneiden suchten. Das ist beruhigend. Wir sind nicht etwa missgebildet oder degeneriert (ich meine: nicht mehr als alle anderen); das Problem ist schlicht, dass das Schnittmuster zu knapp und zu starr gedacht war.

Letztlich ist es so: Wenn man der Schablone befremdlich erscheint (das heißt nicht mit dem Schnittmuster übereinstimmt), dann kann man nur überleben, wenn man dem misstrauischen Blick einen ebensolchen entgegnet. Die Schablone mit Befremden anzusehen, ist für uns Homosexuelle nicht bloß eine Option. Es ist ein lebensnotwendiges Bedürfnis, um uns zu denken und uns zu konstruieren. Diese Situation ist zweifellos als grausam und ungerecht anzusehen: Hätten die Schablonen uns nicht ausgeschlossen, hätten wir nicht schon in unserer Kindheit unsere Kräfte darauf verwenden müssen, sie in Frage zu stellen.

Dennoch hat diese Ungerechtigkeit, wie wir schon sagten, durchaus auch positive Auswirkungen: Das Befremden, das uns zwingt, die Schablonen in Frage zu stellen, gewährleistet, dass wir nie zu ihren bloßen Sklaven werden. In der Tat überkommt einen eine gewisse Rührung, wenn man sieht, wie sich fast alle Heteros mit Leib und Seele der Ausführung eines Rezepts verschrieben haben, dessen Urheber sie nicht sind. Im Gegensatz dazu können wir Homosexuellen, selbst wenn wir es wollten, uns nicht darauf beschränken, Statthalter unserer Identität zu sein: Anders als bei den Heterosexuellen, die sich bis ins hohe Alter (häufig das ganze Leben hindurch) auf dem Terrain des Unmittelbaren, des Spontanen und des Impliziten bewegen, erfordert bei uns jede Identität, die wir annehmen, unsere bewusste Billigung und demzufolge unser Einverständnis.

Von außen gesehen sind die Identitäten ein Spiel. Jemand kann sich ein bestimmtes Programm herunterladen und, wenn er will, frivol, bissig, weibisch, leidenschaftlicher Anhänger des Eurovision Song Contest, Modeliebhaber und Fan von Madonna sein; oder auch lesbisch, vegan und grob und nur karierte Hemden tragen; oder sich das Programm «Bärenszene» herunterladen, die Brustmuskeln (oder den Bauch) schwellen lassen, die Behaarung fördern und sich in Leder kleiden. Aber alle Homosexuellen mussten irgendwann die Programme von außen betrachten, und deshalb sind wir uns immer bewusst, dass sie teilweise ein Spiel sind. Wir beschränken uns nicht darauf, ihre Sklaven zu sein: Im Unterschied zu den Hetero-Programmen installieren sich die unsrigen nicht ohne unser Einverständnis, ohne dass wir die Vertragsbedingungen gelesen und angenommen haben. Es existiert immer eine ausdrückliche Distanz gegenüber der Person, die wir sind, und demzufolge ein bewusster Handlungsspielraum. Wir wissen, dass alle etwas Komödiantisches haben, dass sie auch austauschbar sind. Dank dieser Tatsache haben wir die Kontrolle über sie und nicht umgekehrt.

Das Außen und das Innen im moralischen Bewusstsein

Wie ist es möglich, dass sich die Programme der Heterosexuellen ohne ihr Einverständnis installieren? Dieses Rätsel erstreckt sich allgemein auf die Konstruktion aller mehrheitlichen Identitäten: die, die auf einem bestimmten Territorium und zu einem bestimmten Zeitpunkt so sehr verbreitet sind, dass sie als eine Notwendigkeit erscheinen und niemand auf die Idee kommt zu fragen, ob sie auch anders sein könnten; die Identitäten, die sich so spontan, unmittelbar und effizient durchsetzen, wie es Naturgesetze tun; die, denen auf Grund ihrer allgemeinen Akzeptanz ein «Draußen» fehlt, von wo aus man sie mit angemessenem (und rationalem) Abstand betrachten kann; die, deren Klauseln und Bedingungen vielleicht die ersten Vorfahren lasen und akzeptierten, die sich aber seitdem automatisch erneuern, ohne in irgendeiner Weise hinterfragt zu werden.

In einer Welt ohne «Draußen», ohne Sonderlinge, hat niemand eine Veranlassung zu fragen, woher wir die Behauptung nehmen, dass Männer nicht weinen oder dass Frauen zurückhaltend sind. Das schwebte schon so in der Luft, als wir geboren wurden: in den Kommentaren der Großmütter, in den Vorwürfen der Väter, in den Verhaltensweisen der Freunde … es war einfach da. Und für uns ist es zur Gewohnheit geworden, so natürlich wie der Luftdruck, den wir ertragen: Wir spüren ihn nicht, aber verschwände er, würden wir in tausend Stücke zerbersten (zumindest wären wir dann nicht mehr die, die wir jetzt sind).

Über diesen Mechanismus bildet sich auch unser moralisches Bewusstsein. Freud erklärt, wie im Leben eines Menschen das moralische Gefühl, das «schlechte Gewissen» oder das «Schuldgefühl» in einem ersten Moment als etwas auftauchen, das nur mit der Angst vor dem Verlust der Liebe zusammenhängt. Da es sich um eine Angst vor etwas handelt, das von außen kommt (die Furcht, dass jemand zornig wird oder einen nicht mehr liebt), beschränkt sich das «schlechte Gewissen» beim Kleinkind auf die Befürchtung, dass man es entdeckt. Tatsächlich gibt es Erwachsene, die diese Phase nie überwinden (und ohne äußere Bedrohung fast kein moralisches Bewusstsein besäßen).

Aber das ist nicht der Normalfall. Wie Freud zeigt, vollzieht sich der grundlegende Wandel, wenn diese äußere Autorität verinnerlicht wird (um sich als Über-Ich fest einzurichten). Erst dann kann von einem moralischen Bewusstsein im eigentlichen Sinne die Rede sein: Was vorher von außen gefordert wurde (im Wesentlichen seitens der Eltern), richtet sich nun dauerhaft im Innern ein und verlangt von uns Gehorsam als moralisches Gefühl. In dem Moment verschwindet auch die zentrale Bedeutung der «Furcht, entdeckt zu werden» und, was noch schwerer wiegt, in gewisser Weise auch der Unterschied zwischen «das Böse tun» und einfach «das Böse wollen», denn dem Über-Ich bleibt nichts verborgen: weder die Handlungen noch die Gedanken.

Dieser Übergang der Kindheit zum Erwachsenenalter impliziert zwangsläufig eine neurotische Phase. Freud erklärt das so:

«Über das Menschenkind wissen wir, dass es seine Entwicklung zur Kultur nicht gut durchmachen kann, ohne
durch eine bald mehr, bald minder deutliche Phase von
Neurose zu passieren. Das kommt daher, dass das Kind so
viele der für später unbrauchbaren Triebansprüche nicht
durch rationelle Geistesarbeit unterdrücken kann, sondern durch Verdrängungsakte bändigen muss, hinter denen in der Regel ein Angstmotiv steht.»[10]

Letztlich ist es dieser Prozess, der durch Behauen, Formen,
Einordnen, Abstecken, Begrenzen und Beschränken jener
unendlichen, undifferenzierten, formlosen, widersprüchlichen und grenzenlosen Masse von Begehren, die wir als
«hitzigen ursprünglichen Strom» bezeichnet haben, Gestalt
verleiht. Dieser Prozess beinhaltet zwangsläufig ein Element der Verdrängung, das Unbehagen hervorruft. Der ursprüngliche Strom lässt sich nicht darauf ein, nicht alles zu
sein. Und jeder Verzicht rächt sich.

Wie wir eben sagten, vollzieht sich diese Verdrängung
über Gefühlsmechanismen, deren wesentlichstes Mittel in
der Kindheit die Angst vor dem Liebesentzug der Eltern ist.
Folglich kann es nicht die mindeste rationale Kontrolle darüber geben, weder seitens der Kinder noch seitens der Erwachsenen, die ja das Ergebnis eines ähnlichen Prozesses in
ihrer eigenen Kindheit sind.

Rationale Moral

Geben wir zum Auftakt dieses Abschnitts dem gesunden Rationalismus Bertrand Russells (1930) ausführlich das Wort:

«Man (...) überlege, wieviel unverfälschter Aberglauben im Wesen dessen mitspricht, der allen Anforderungen der hergebrachten Sittenlehre gehorcht, und denke darüber nach, dass, während alle erdenklichen eingebildeten sittlichen Gefahren durch unerhört törichte Verbote geschützt waren, die wirklichen sittlichen Gefahren, die den Erwachsenen bedrohen, so gut wie unerwähnt blieben. Worin bestehen die wirklich schädlichen Handlungen, zu denen sich der Durchschnittsmensch versucht fühlt? Rigoroses Geschäftsgebaren jener Art, die das Gesetz nicht bestraft, Härte gegen Angestellte, schlechte Behandlung von Frau und Kindern, hässliche Gesinnung gegen Konkurrenten, Unerbittlichkeit in politischen Konflikten – das sind die wirklich bösartigen Sünden, die bei den ehrenwerten und angesehenen Staatsbürgern an der Tagesordnung sind und durch die sie Elend in ihrer unmittelbaren Umgebung verbreiten und ihr gerütteltes Maß zur Vernichtung der Kultur beitragen. Sie sind es aber keineswegs, die ihn, wenn er schwer erkrankt, in seinen eigenen Augen zum Verworfenen machen, der allen Anspruch auf göttliche Gnade verwirkt hat. Sie sind es nicht, die ihm in schlaflosen Nächten seine Mutter vorzaubern, wie sie sich vorwurfsvollen Blickes über ihn beugt. *Warum ist seine unterbewusste Moral so weit von aller*

Vernunft entfernt? Weil die Ethik, an die seine Jugender-
zieher glaubten, dumm war; weil sie nicht auf einer Erwägung der Pflichten des Individuums gegen die Allgemeinheit beruhte; weil sie aus allerlei alten Bruchstücken
vernunftwidriger Tabubegriffe bestand; und weil sie dieselben Elemente der geistigen Krankhaftigkeit enthielt,
die das späte Römische Reich zersetzten. Unsere soge-
nannte Moral ist von Pfaffen und geistig versklavten Wei-
bern formuliert worden. Es ist an der Zeit, dass die Männer, die einen normalen Anteil am normalen Leben der
Welt zu nehmen haben, lernen, sich gegen diesen unge-
sunden Widersinn aufzulehnen.»[11]

Allerdings, wie kann man im moralischen Bewusstsein
zwischen vernünftigen Forderungen und «alten Bruchstücken vernunftwidriger Tabubegriffe» unterscheiden? Wie
die vernünftigen Verbote von den überflüssigen Beschrän-
kungen trennen? Wie all die Betrügereien herauslesen? Im
moralischen Bewusstsein ist immer alles wahllos vermischt:
Es ist eine Art normatives Gelee, in dem sich ohne Unterschied Gebote herauskristallisieren wie «nicht lügen» und
«nicht die Schamgegend anfassen»; «Gott lieben» und «den
Nächsten lieben»; «am Karfreitag kein Fleisch essen» und
«deine Steuern bezahlen»; «du sollst nicht töten» und «du
sollst nicht begehren deines Nächsten Frau»; «Sex haben
nur innerhalb der Ehe» und «nur einvernehmlichen Sex haben»; «keinen Sex haben mit Minderjährigen» und «keinen
Sex haben mit jemandem deines Geschlechts».

Vom rationalen Standpunkt aus gesehen besteht hier ganz

offensichtlich ein radikaler Unterschied zwischen einigen Elementen und anderen. Nicht töten ist ein recht vernünftiges Prinzip, aber es gibt keinen vernünftigen Grund, der es rechtfertigte, dass wir Gedanken und Verlangen meiden, die uns befriedigen, ohne jemandem zu schaden. Denn Imagination und Fantasie stellen einen Bereich dar, in dem alles Platz findet (auch das Perverseste), solange nur das verwirklicht wird, was mit der Freiheit und der Würde der anderen vereinbar ist. Platon und Freud stimmen darin überein, diejenigen gute Menschen zu nennen, die sich damit begnügen, von dem zu träumen, was die bösen tatsächlich ausführen. Die Vernunft darf niemals das Verlangen nach unanständigen Dingen und das Tun unanständiger Dinge auf dieselbe Stufe stellen.

Zudem bilden sich in diesem Moralbrei, der im Erwachsenenalter als «Bewusstsein» Gestalt annimmt, das Anständige und das Unanständige ohne jede Art von rationaler Kontrolle. Ohne große Schwierigkeit können Masturbation oder homosexuelle Beziehungen auf der Seite des Unanständigen gelandet sein und die sexuelle Belästigung von Frauen oder die Steuerflucht auf der Seite des Hinnehmbaren.

Anders kann es auch gar nicht sein, denn der Mechanismus ist (bis es plötzlich zu spät ist) auf affektiven Wegen mit sehr wenig Spielraum für die rationale Kontrolle tätig. Die Eltern verfügen immer über ein dicht gewebtes Netz von Vorurteilen, auf dessen Grundlage sie die Normen durchsetzen; einige Verhaltensweisen ihres Kindes begrüßen sie, während sie andere tadeln. Auf diese Weise werden die

Normen zu Beginn als etwas von außen Kommendes auferlegt: Als Belohnung dient die Bestätigung der elterlichen Liebe, deren Verweigerung als Strafe. Doch diese externe Regulierung (bei der das Kind sich vorstellt, was die Eltern wollen, und handelt, um den affektiven Schutz zu bewahren) verwandelt sich früher oder später in «moralisches Bewusstsein», das heißt aus einer äußeren affektiven Forderung wird irgendwann ein innerer moralischer Imperativ, ohne irgendeine Garantie, dass die Inhalte unterwegs einer sei es auch noch so flüchtigen rationalen Kontrolle durch jemanden unterzogen wurden. Die Eltern können aus völlig neurotischen, irrationalen oder traditionellen Gründen Dinge von ihren Kindern fordern. Bestimmte Inhalte können seit undenklichen Zeiten nach demselben Verfahren von einer Generation in die nächste weitergetragen worden sein, ohne dass zu irgendeinem Zeitpunkt die Vernunft befragt worden wäre, das heißt, ohne dass jemand die Möglichkeit gehabt hätte, «Warum?» zu fragen und als Antwort einen ausreichenden Grund zu bekommen.

Selbstverständlich ist dieser «ausreichende Grund» (ausreichend, um etwas zu tun oder etwas zu vermeiden) leicht zu finden, wenn eine Person in ihrer Freiheit oder Würde angegriffen worden ist; oder auch, wenn es um Handlungen geht, die das Zusammenleben erleichtern oder erschweren würden. Man kann sagen, dass der Vernunft Handlungen zuwider sind, die sich gegen die Gemeinschaft oder die Freiheit jeder einzelnen Person richten. Aber diese Begrenzungen oder Regeln stellen in Wirklichkeit nicht gerade sehr hohe moralische Ansprüche und Forderungen.

Freud selbst zeigt, wie wenig Druck die Vernunft in moralischer Hinsicht ausübt, sie verbietet wirklich sehr wenig. Freud betrachtet die Vernunft in einem solchen Maß als «permissiv», dass er, wenn er unter den Kulturaufträgen diejenigen, die auf einer rationalen Grundlage beruhen, von denen unterscheiden soll, die aus anzestralen Gründen mit ihnen vermischt sind, sogar das Inzestverbot außerhalb der Gebote ansiedelt, «die sich rational rechtfertigen». Wenn Freud zwei Motivationsordnungen unterscheidet – die eine geht aus den Geboten des «Vaters» hervor, die andere entspricht den Notwendigkeiten des Gesellschaftsvertrags –, siedelt er in der zweiten Ordnung nur die Gebote an, die sich auf die Gleichheit der Rechte beziehen. Alles andere (selbst das Inzestverbot) verbleibt in der ersten Motivationsordnung.

«Ein Teil ihrer Vorschriften rechtfertigt sich auf rationelle Weise durch die Notwendigkeit, die Rechte der Gemeinschaft gegen den Einzelnen, die Rechte des Einzelnen gegen die Gesellschaft und die der Individuen gegeneinander abzugrenzen. Was aber an der Ethik uns großartig, geheimnisvoll, in mystischer Weise selbstverständlich erscheint, das dankt diese Charaktere dem Zusammenhang mit der Religion, der Herkunft aus dem Willen des Vaters.»[12]

Das Problem ist, dass diese «zwei verschiedenen Motivationen» – die eine rational, auf die Gleichheit der Rechte bezogen, die andere anzestral, auf die Autorität des Vaters bezogen – aus analytischer Sicht leicht zu unterscheiden sind, aber sich in diesem zähen Netz aus Vorschriften immer vermischt finden, aus dem das herkömmliche moralische Bewusstsein besteht.

Wenn es der Vernunft erlaubt wäre, die Verbote und die moralischen Gebote aufzustellen, wäre das Ergebnis viel freier und glücklicher. Aber das ist keine leichte Aufgabe, erst recht nicht für die, die ins Erwachsenenleben eingetreten sind, ohne sich (bewusst und rational) über das dichte Netz von Vorschriften, in das sie damit gerieten, Gedanken machen zu müssen.

Bevor es zu spät ist

Ich habe bereits erwähnt, dass die Homosexualität als Plattform besonders geeignet ist, diese rationale Distanz gegenüber den adipösen Vorschriften einzunehmen, die die moralischen Anforderungen unnötig aufblähen. Für uns Homosexuelle war es nicht bloß eine Option, sondern eine Frage des Überlebens, alles durch einen rationalen Filter zu schicken. Das hat uns freier, glücklicher und (wie wir in Kapitel 4 sehen werden) geeigneter für eine Zivilisation gemacht, die diesen Namen verdient.

Diese Distanz (wie auch die Möglichkeit, den rationalen Filter anzuwenden) beginnt schon in der zartesten Kindheit (oder spätestens in der frühesten Jugend) zu funktionieren; das ist ein entscheidender Unterschied. Denn wenn die Heterosexuellen anfangen wollen, an die Normen zu denken, aus denen sie bestehen, ist es schon zu spät. Das vollständige

Programm ist schon Teil ihres Körpers geworden. Diese Erwachsenen wären ohne ihr kleines Sortiment von fixierten Wesenhaftigkeiten schon nicht mehr fähig, sich selbst zu verstehen, und folglich kostet jeder Versuch, darauf einzuwirken, sehr viel mehr Mühe.

Bei uns Homosexuellen hingegen kommt es schon gleich am Anfang zu einem Systemfehler, wenn wir die Archive installieren. Es ist aber nicht irgendein Fehler, er trifft das Zentrum des Betriebssystems.

Wir sind noch Kinder, erst wenige Jahre alt, und haben noch sehr wenige Dinge in uns installiert, wenn wir (nicht ohne ein gewisses Befremden) entdecken, dass von den Dingen, über die die Erwachsenen reden, einige wahr sind und andere nicht. Von den Dingen, die – so versichern sie – geschehen werden, gehen nur wenige in Erfüllung. Was ihrer Meinung nach «gut» ist, vermengt einige gerechte und vernünftige Dinge mit solchen, die unterdrücken und ausgrenzen. Mit «böse» bezeichnen sie sowohl unerträgliche Gemeinheiten als auch intensive Freuden, die niemandem Schaden zufügen. Wir sind noch nicht ganz erwachsen, wenn wir entdecken, dass die Erwachsenen die Dinge wahllos durcheinanderwerfen. Einige Jahre lang tun wir so, als würden wir uns anpassen, in einer Mischung aus Furcht und Nachgiebigkeit. Aber von der ersten Minute an ahnen wir, dass das gesamte Wabensystem schlecht gemacht ist. Wenn es so eklatante Mängel gibt, wie viele andere mag es dann geben, die ihnen auch nicht aufgefallen sind? Das Rezept der Vorfahren ist in wichtigen Punkten schlecht gemacht, daran besteht kein Zweifel, aber wie kann man die

Fehler entdecken? Sicher ist nur, dass wir sie nicht entdecken werden, wenn wir die Erwachsenen fragen.

Die Bedeutung dieses Ereignisses kann gar nicht genug hervorgehoben werden: Zu entdecken, dass die Vorfahren (in Bezug auf Gut und Böse) nicht das letzte Wort haben, und zwar, bevor es zu spät ist (das heißt, bevor sie uns so weit in Besitz genommen haben, dass sie zu unserem eigenen Fleisch geworden sind), eröffnet einen Spielraum für Rationalität und Freiheit, der den Heterosexuellen unbekannt ist.

Aber wenn nicht die Erwachsenen das letzte Wort haben, wer dann? Wie können wir selber unterscheiden, wie viel Richtiges und Vernünftiges und wie viel Unterdrückerisches und Ausgrenzendes an dem ist, was die Vorfahren «gut» nennen? Wie können wir heraussieben, was sie «böse» nennen, um nicht irrtümlich einige der wertvollsten Dinge zurückzuweisen?

Die einzige Möglichkeit ist, auf unser (wenn auch mangelhaftes) Urteilsvermögen zurückzugreifen: Wem schade ich damit? Macht es eindeutig gute Dinge wie die Liebe oder die Freundschaft leichter oder schwerer? Würde es mir etwas ausmachen, wenn es ein anderer täte? Hätte ich das Recht, mich in das Leben eines anderen einzumischen, wenn er sich hierfür entschiede, oder würde ich es im Gegenteil respektieren als etwas, das zu seiner Privatsphäre gehört? ...

Auf diesem Weg entdeckt man schließlich das einzige vernünftige allgemeine Prinzip: dass jeder sein eigenes Glück auf dem Weg suchen darf, den er für den besten hält. Es ist das Prinzip, das die Sängerin Alaska in ihrem Lied *A quién le importa lo que yo hago* (Was ich tue, das geht niemanden etwas an) einfordert, oder Kant im ersten der insgesamt drei «Prinzipien a priori», auf die der «bürgerliche Zustand gegründet ist»:

> «Niemand kann mich zwingen, auf seine Art (wie er sich das Wohlsein anderer Menschen denkt) glücklich zu sein, sondern ein jeder darf seine Glückseligkeit auf dem Wege suchen, welcher ihm selbst gut dünkt, wenn er nur der Freiheit anderer, einem ähnlichen Zwecke nachzustreben, die mit der Freiheit von jedermann nach einem möglichen allgemeinen Gesetze zusammen bestehen kann, (d. i. diesem Rechte des andern) nicht Abbruch tut.» [13]

Es ist leicht zu verstehen. Aber es ist schwer zu erreichen, dass dieses Prinzip beachtet wird, es sei denn, wir nehmen es – wie wir Homosexuellen es tun – als ein Schlüsselelement des Systems in uns auf, sobald wir unseren Weg als Individuum beschreiten. Andernfalls ist man häufig versucht, sich voller Eifer einzumischen in das, was die anderen tun oder lassen (um sich selber besser, sauberer, reiner und edler zu fühlen).

Rechtzeitig da sein hat nur Vorteile

Im Unterschied zu den Heterosexuellen haben alle Homosexuellen (ohne eine einzige Ausnahme) eine gewisse Zeit ihres Lebens darauf verwandt, (ausdrücklich und bewusst) darüber nachzudenken, was «Homosexualität» und ganz allgemein was Identität, Sexualität und Begehren bedeuten. Wir könnten sagen, dass die Heterosexuellen sich zur Heterosexualität in etwa so verhalten wie die Steine zur Schwerkraft: wie Gegenstände, die bestimmten Gesetzen gehorchen, ohne sie zu hinterfragen. Dagegen haben wir Homosexuellen zusätzlich (und von Anfang an) etwas von Physikern und Philosophen in unserer Weise, mit diesen Gesetzen umzugehen.

Von klein auf sehen wir uns gezwungen, einen nicht unbeträchtlichen Teil der Spielregeln deutlich zum Ausdruck zu bringen. Diese (rationale und bewusste) Distanz gegenüber der Autorität der Vorfahren (bevor es zu spät ist, das heißt, bevor sie von uns Besitz ergriffen und uns in einen weiteren bloßen Vorfahren für die künftigen Generationen verwandelt haben) hat zahlreiche Vorteile. Sie erweitert den Horizont des Sex gewaltig, wie wir in den folgenden Abschnitten sehen werden; sie hilft dabei, in einem vernünftigen Alter volljährig zu werden; sie ist ein Anreiz, möglichst früh eine lebensnotwendige materielle Unabhängigkeit zu erlangen; sie schafft eine geeignete Plattform, die eine tatsächlich freie «Entwicklung der Persönlichkeit» ermöglicht, nicht eine bloße Fiktion von Freiheit; infolgedessen quält uns die Schuld auf eine ganz andere, viel vernünftigere Weise; wir hassen weniger und besser, denn wir wissen, dass alle Identitäten auch etwas Fiktives haben; die Aggressivität wird in viel gesündere und vernünftigere Bahnen geleitet usw.

Wir vögeln nicht wie Tiere

Wie schon erwähnt, ist eine der größten Errungenschaften der Menschheit, die sexuelle Lust von den Zwängen der Fortpflanzung entkoppelt zu haben. Carlos Fernández Liria erklärt in einem großartigen Text über Freud, warum alle Dinge danach streben, die Stelle der Ewigkeit oder der Götter einzunehmen, diese Seinsweise, die den Sternen entspricht. Doch in der «sublunaren» Welt ist alles Zeugung und Verwesung, die Dinge entstehen und verschwinden, die Tiere werden geboren und sterben. Der Ewigkeit am nächsten kommen die Tiere nicht als Individuen, sondern durch Fortpflanzung der Spezies. Die Lebewesen müssen den Sex zu Hilfe nehmen, um den Kreislauf der Gestirne nachzuahmen. Individuen sind generell sterblich. Der Anschluss an die Ewigkeit gelingt ihnen nur in der Fortpflanzung ihrer Art. Über den Sex schaffen es auch die Fliegen, solange sie am Leben sind, mit ihren hektischen Bewegungen den Kreis der Spezies zu schließen und ein wenig den Sternen zu ähneln.

«Wir hingegen benötigen den Sex nicht, um wie Sterne zu sein, denn wir sind schon Sterne. Solange wir uns mit Hilfe der Vernunft vergöttlichen, indem wir die Symptome bekämpfen und der Wahrheit, der Gerechtigkeit und der Schönheit eine Möglichkeit eröffnen, sind wir schon wie Gestirne. Und deshalb können wir uns etwas in der sublunaren Welt völlig Ungewöhnliches erlauben: wie Sterne vögeln.»[14]

Wir haben es nicht nötig, wie Tiere zu vögeln, das heißt, wir hängen nicht von der Fortpflanzung und vom Kreislauf der Spezies ab, um Kontakt mit etwas Göttlichem und der Ewigkeit zu haben. Unsere Würde gehört uns als Individuen. Unsere Verbindung mit der Ewigkeit ist eine völlig andere als die der Fliegen: Wir können Leben geben, solange wir dabei nicht verlieren, was es lebenswert macht, oder wir können auch Schändlichkeiten begehen, die zum Himmel schreien. Aber in keinem Fall hängen wir vom Kreislauf der Spezies ab, um mit der Ewigkeit in Verbindung zu treten.

«Die Gestirne brauchen keinen Sex, um Götter zu sein. Die Lebewesen benötigen Sex, um Gestirne zu sein. Die Menschen schaffen es, ohne Sex Gestirne zu sein, und können es sich deshalb erlauben, ihn zu vollziehen, als wären sie Sterne anstelle von Tieren.»[15]

Der Sex als eine der schönen Künste

Man kann Carlos Fernández Lirias Metapher «vögeln wie Sterne» auf die Liebe beziehen. Es genügt, verliebt zu sein, um zu wissen, dass man einen Draht zur Ewigkeit und zum Göttlichen hat, der uns sogar zu guten Menschen macht. Aber nicht darin liegen die wesentlichen Unterschiede zwischen den Heterosexuellen und uns, auch wenn feststeht, dass ein Teil der traditionellen Ehen durch finanzielle Zwänge zustande kommt und nie die Liebe gekannt hat. Aber die Literatur, der Film und die Kunst im Allgemeinen haben der Liebe so viel Aufmerksamkeit gewidmet, dass mit ihr etwas geschaffen wurde, das für alle darstellbar ist. Möglicherweise haben die Heterosexuellen in diesem Punkt uns gegenüber sogar einen Vorsprung, und während wir noch dabei sind, unsere Literatur zu entwickeln, leben wir die Liebe in Anlehnung an Konstrukte, die für gewöhnlich heterosexuell sind. Jedenfalls ist die Verbindung der Liebe mit der Ewigkeit für alle offensichtlich.

Allerdings verweist «vögeln wie Sterne» nicht nur auf die Liebe, sondern noch auf eine andere Verpflichtung gegenüber dem Sex: die Verpflichtung zur Würde, die wir seit dem 18. Jahrhundert jeder der Schönen Künste beigemessen haben. Seit im Zuge der Aufklärung die Autonomie der Kunst errungen wurde – etwas, das so untrennbar mit dem Projekt der Aufklärung verbunden ist wie die Gewaltenteilung oder die akademische Freiheit –, übernimmt die Kunst die Aufgabe der «Urschöpfung»:[16] neue Formen suchen; neue Töne anschlagen; nie beschrittene Sequenzen, nie gehörte Melodien bauen; Farben komponieren, die nie zuvor jemand auf diese Weise nebeneinander gestellt hat, Gerüche in neuen Zusammenhängen, unbekannte Texturen; Figuren entdecken, die in Marmorblöcken verborgen lagen und erst eines Tages ans Tageslicht treten; Formen finden, die nach ihrer Erschaffung die Seele erschüttern, Wörter, die, wenn wir sie sagen, offenbaren, was wir in uns trugen, ohne es zu wissen. Das ist die Aufgabe der Kunst. Und ebendiese schöpferische Kraft beansprucht der Sex. Natürlich meine ich damit nicht den Sex, der darin besteht, rasch zu kopulieren und dann einzuschlafen (über den sich die heterosexuellen Frauen so häufig beklagen). Ich meine den Sex, den man auf unterschiedlichste Weisen genießt, die man sich nie hätte träumen lassen, bevor man ihnen Gestalt verlieh.

Hier muss ich darauf hinweisen, dass ich mich in den nachfolgenden Kapiteln, die vom Sex handeln, vor allem auf die männliche Sexualität konzentrieren werde. Was die weibliche Sexualität anbelangt, muss ich meine Ignoranz eingestehen, die zum Teil der Tatsache geschuldet ist, dass ich schwul bin, auch wenn das keine hinreichende Rechtfertigung ist. Es existiert eine hinreichend umfangreiche und jedem zugängliche Literatur, so dass es keiner großen praktischen Erfahrung bedarf, um diese Welt zu erkunden. Wie dem auch sei, ich vertraue darauf, dass meine Homosexualität in dieser Sache teilweise als Entschuldigung dienen kann, oder zumindest vertraue ich darauf, dass ich nicht in vorderster Reihe derjenigen stehe, die eine Anklage verdienen. Es ist traurig genug, dass diese vordersten Reihen bereits von den unzähligen Heterosexuellen besetzt sind, die ebenfalls keine Ahnung von der weiblichen Sexualität haben und nicht nur vorgeben, große Experten in dieser Materie zu sein, sondern, was noch schlimmer ist, erwarten, dass die Frauen an dieser Farce mitwirken, indem sie die Erfahrung der Männer preisen.

Was man mit der Liebe
(Polyamorie) machen kann:
Ein gutes Geschäft

In jedem Fall müssen wir uns, bevor wir uns dem Sex zuwenden, um die Liebe kümmern. Der wesentliche Unterschied zwischen Schwulen und Heterosexuellen findet sich
in ihrem Verhältnis zu dem Teil von uns, der vom Teufel
geformt wurde, und auf den wir uns demzufolge konzentrieren werden. Um dieses Thema werden wir uns später
kümmern, wobei wir ein besonderes Augenmerk auf die
dunkelsten und gesellschaftlich geächteten Aspekte des Sex
legen werden. Und wir werden uns um die perversesten
Dinge kümmern, eben weil es so verrückte Folgen hat,
wenn man diese Front vernachlässigt und verantwortungslosen Händen überlässt. Aber bevor wir uns dem zuwenden,
müssen wir uns in jedem Fall um die Liebe kümmern, also
um den Teil in uns, der von Gott geformt wurde.

Wir müssen uns endlich eingestehen, dass unsere roman-
tische Liebe in gewisser Weise auf die Werteskala der heterosexuellen Beziehungen zugeschnitten ist. Die überwiegende
Mehrheit der Literatur, des Films und fast aller kulturellen
Bezüge, die wir teilen, hat die Liebe anhand von heterosexuellen Paaren dargestellt. Und man kann die Dinge, die man
tut, nur anhand der Darstellungen denken, fühlen und leben, die man zur Verfügung hat. So hat die Weltliteratur die
Grenzen der Liebe erkundet (und geprägt). Sie hat dies in
einem Umfang und mit einer Intensität getan, die uns erlaubt, stolz darauf zu sein, unsere Spezies zumindest mit

Personen wie Shakespeare zu teilen. Das soll uns indessen nicht daran hindern, einzugestehen, dass jede literarische Schöpfung unvermeidlich auf bestimmte Entstehungsbedingungen (hinsichtlich eines bestimmten historischen Kontexts) beschränkt ist und dass demzufolge potentielle Formen und Konstruktionen existieren, die noch unzureichend erforscht sind.

Diese Aufgabe steht der Literatur also noch bevor. Aber das ist keinesfalls ein Vorwurf, sondern eine analytische Beurteilung: Die Unendlichkeit zu erkunden, auf die wir uns hier beziehen, ist definitionsgemäß eine endlose Aufgabe. Und deshalb wird auch nie die letzte Stunde der Poesie kommen (Gott – und dem Teufel – sei Dank für die unendliche Komplexität der Sache, die sie da leiten).

Jedenfalls haben wir Homosexuellen angesichts des Darstellungssystems, mit dem wir es zu tun haben, einen entscheidenden Vorteil: In keinem Fall genügt es uns nachzuahmen, sondern wir müssen (ob wir wollen oder nicht) die Aufgabe übernehmen, schöpferisch tätig zu werden.

Selbst im einfachsten Fall, selbst wenn man nichts anderes beabsichtigt, als Muster zu reproduzieren und schon erschaffene Rollen zu verteilen, erfordert (über den persönlichen Willen jedes Einzelnen hinaus) die einfache Tatsache, dass das Paar aus zwei Männern oder zwei Frauen besteht, die Entscheidung (und folglich die Überlegung), wie die verschiedenen einzelnen Aufgaben untereinander zu verteilen sind. Selbst wenn zwei Männer oder zwei Frauen, die sich ineinander verlieben, beabsichtigen, ein bereits vorgefertigtes Muster vollständig zu reproduzieren, können sie

diesem konstitutiven Moment (von mehr oder weniger ex-
plizitem Charakter), in welchem die Verteilung von einzelnen Aufgaben und Merkmalen (die in fast allen heterosexuellen Paaren standardmäßig festgelegt ist) entschieden
werden muss, nicht aus dem Weg gehen. Insofern bedeutet
das Regelwerk oder das Statut der Beziehung immer mindestens den Akt einer originalen Erschaffung des eigenen
Paares.

Nun hat allerdings diese Unmöglichkeit, den Ort des
freien Erschaffens vollständig aufzugeben (selbst wenn wir
es vorzögen, ein bereits von einem anderen vorgefertigtes
Leben zu leben, und uns kein bisschen mehr darum kümmern müssten, an das Rezept zu denken), zahlreiche Auswirkungen. Sobald das Statut einer Beziehung gedacht, erläutert und entworfen ist, eröffnet sich ein Freiraum mit
gewaltigen (und nochmals – was auch gar nicht anders zu
erwarten war: unendlichen) Möglichkeiten.

Die homosexuellen Beziehungen verwerfen nicht mit solcher Leichtigkeit verschiedene Formate. Eine der wesentlichen Quellen des Unglücklichseins in den heterosexuellen
Paaren ist die gegenseitige Forderung, ein gutes Geschäft zu
machen, die andere Hälfte zu sein, mit der alles Fehlende
erfüllt wird, der Seelenverwandte, fähig, den anderen zu
ergänzen, und gemeinsam eine harmonische, runde, voll-
kommene und vollständige Einheit zu bilden. Doch das ist
unmöglich: Wir haben ständig widersprüchliche Gefühle,
denken ständig, dass wir eine Sache wollen, wollen aber eine
andere; ignorieren den, der uns liebt, und lieben den, der uns
ignoriert; wollen das, was unserer Meinung nach der Nach-

bar will (so wie der Nachbar will, was wir haben, weil er meint, dass wir alles haben, was wir wollen) ...

Die Liebe ist tatsächlich eine göttliche Kraft, die fähig ist, all diese Neurosen zu bewältigen. Aber sie zu bewältigen, bedeutet nicht unbedingt, sie zu ignorieren oder sie aus der Welt schaffen zu wollen. Wenn das versucht wird, kommt es unweigerlich zur Katastrophe: Sind die ersten Monate der Ekstase erst einmal vorbei, kann sich die ganze Beziehung in einen fortwährenden Vorwurf verwandeln, weil sie nicht das erhoffte gute Geschäft ist und bei weitem nicht die (im Hinblick auf die Menschen eindeutig überzogenen) Erwartungen erfüllt, die zu Anfang in sie gesetzt wurden. Zumindest ist dieses Leben in Vorwürfen eine Möglichkeit, mit der Ewigkeit in Verbindung zu stehen, wenn auch in negativer Beziehung. Letztlich ist das Gefühl, dass man ein Recht darauf hat, dem anderen vorzuwerfen, dass er nicht das *Alles* ist, auch eine Art, mit diesem abwesenden *Alles* in Verbindung zu stehen (auch wenn das nicht die gesündeste Art ist).

Der Wahrheit halber müssen wir eingestehen, dass diese Art Beziehung auch bei homosexuellen Paaren anzutreffen ist. Andererseits haben wir Homosexuellen einen leichteren Zugang zu anderen Formaten. Beispielsweise ist es bei schwulen Paaren keine Seltenheit, dass sexuell offene Beziehungen eingegangen werden. Das widerspricht nicht der Reinheit der Liebe, und es ergibt sehr viel Sinn. Aus den Urquellen unserer Persönlichkeit kann zum Beispiel das Begehren entspringen, von einem Unbekannten benutzt zu werden (so wie Dinge benutzt werden, als bloße Gegenstände). Und das kann für den eigenen Partner aus offensichtlichen Gründen nicht befriedigend sein. Man kann die raffiniertesten Spiele erfinden, aber so sehr man sich auch anstrengt, der Partner wird Probleme haben, sich für einen Unbekannten auszugeben. Die Unbekannten muss man logischerweise auf Grindr suchen, in Saunen oder, wenn das Verlangen danach wirklich ernst gemeint ist, in Darkrooms oder an *glory holes*.

Aber sind zum Beispiel Darkrooms mit der Liebe unvereinbar? Zeigt sich der übermenschliche Ursprung der Liebe nicht deutlicher, indem man liebevoll den (neurotischen, labilen, widersprüchlichen, nicht klassifizierbaren, menschlichen) unendlichen ursprünglichen Strom aufnimmt, aus dem die geliebte Person besteht und immer bestehen wird?

In der heterosexuellen Welt bedient sich dieses selbe Begehren, von jemandem wie ein Gegenstand behandelt zu werden oder jemand anderen so zu behandeln, gewöhnlich der weiblichen Prostitution (aus deren Geschäftsvolumen sich das Ausmaß dieser Angelegenheit ableiten lässt). Hier wird der gewaltige Unterschied zwischen Heterosexualität und Homosexualität offensichtlich: erstens (wie bereits erwähnt) in Bezug auf die Ausbeutung der Frauen und zweitens (was uns in diesem Abschnitt interessiert) in der Schwierigkeit der heterosexuellen Liebesbeziehungen, auf eine explizite, ehrliche und einvernehmliche Weise die (widersprüchlichen, ambivalenten, verworrenen, nicht greifbaren) Wünsche der geliebten Person zu integrieren und zu befriedigen.

Manche Menschen lieben es vor allem, sich zu verlieben: dieses einzigartige Gefühl von Begeisterung, Faszination und Neuheit, das so lange dauert, bis es sich erschöpft. Wenn jemand der Liebe seines Lebens begegnet, überkommt ihn die Gewissheit der Unwiederholbarkeit. Doch daraus zu schließen, dass dies das Verlangen unterdrücken würde, von Zeit zu Zeit wieder das Gefühl des Sich-Verliebens zu empfinden, wäre weit gefehlt. Es gibt ganz sicher Menschen, die das Bedürfnis haben, von Zeit zu Zeit wieder etwas zu spüren, das man nur am Anfang spüren kann, wenn man jemanden kennenlernt, und alles, was man noch nicht kennt, sich zweckmäßigerweise als etwas Ideales aufbaut; etwas, das sich schon damals mit dem Lebenspartner ereignet hat und unmöglich wiederholbar ist. Vielleicht offenbart sich ja genau darin der wirklich übermenschliche Ursprung der Liebe: Selbst das Bedürfnis der geliebten Person, (mit anderen) die Gewissheit des Unwiederholbaren zu wiederholen (allerdings als Spiel), kann in aufrichtiger und liebevoller Weise integriert werden.

Niemand mag es, verständlicherweise, dass jemand ihn verrät und ihm untreu wird. Der entscheidende Punkt ist, zu entscheiden, worin Treue besteht. Die heterosexuellen Paare haben, noch bevor sie sich kennengelernt haben, entschieden, dass «Treue» oder «Untreue» sich darauf beziehen, was jeder mit seinen Genitalien tut. Im Gegensatz dazu ist das für uns Homosexuelle, die wir gezwungen sind, die Position des Künstlers einzunehmen, etwas, das in jedem Einzelfall neu zu entscheiden ist. Dabei ist es durchaus möglich (und gar nicht mal so selten), dass auch wir Homosexuellen den Gebrauch der Genitalien als den entscheidenden Punkt in Sachen Treue ansehen, auch für uns ist das eine

Option. Der Unterschied ist aber gerade, dass es für uns eine Option unter anderen ist. Wir können Treue durchaus an Dingen festmachen, die nichts mit der Unterzeichnung eines Vertrags sexueller Ausschließlichkeit gemein haben: zum Beispiel, indem wir nicht mit anderen Personen Orte entweihen, die für uns heilig sind, oder indem wir mit niemandem sonst bestimmte TV-Serien oder Filme sehen, oder indem wir Geheimnisse gleich welcher Art nicht mit anderen teilen.

Es ist de facto möglich, ein Statut anzunehmen, das es erlaubt, parallel zu der Paarbeziehung noch andere Beziehungen zu unterhalten. Man kann nicht erwarten, dass eine einzige Person gleichzeitig alle intellektuellen, physischen, affektiven, künstlerischen und sexuellen Wünsche und Sehnsüchte befriedigt. Es ist unter anderem deshalb unmöglich, weil das Rohmaterial, aus dem wir gemacht sind, in seinen verschiedenen Dimensionen nicht immer mit sich selber vereinbar ist.

Darum gibt es in homosexuellen Beziehungen häufig Freunde des Paares, die in unterschiedliche Dimensionen einbezogen werden und damit eine Menge von Sphären entstehen lassen, die aufgebaut werden müssen, indem man Entscheidungen trifft, bei denen der Sex nur eine weitere Dimension darstellt, die in Freiheit aufzubauen und fortzuführen ist. Von der Polyamorie über völlig herkömmliche und konservative Paarbeziehungen bis hin zu stabilen Dreierbeziehungen – die stabilsten und gesündesten Einheiten, die ich kenne (abgesehen von meiner eigenen) – ist für uns Homosexuelle alles ein Akt freier Entscheidung.

All das pflegt in heterosexuellen Paarbeziehungen in aller Regel vollkommen indiskutabel zu sein. Wir Homosexuellen hingegen können es akzeptieren oder auch nicht, je nachdem. Aber für uns gibt es, dank des Imperativs der rationalen Distanz, zu dem wir glücklicherweise verurteilt sind, nie etwas, das indiskutabel wäre. Das gewährleistet, dass diese Offenheit – die Fähigkeit, in eine Beziehung traditionell von ihr ausgeschlossene Elemente aufzunehmen – immer größer wird.

Damit eine Liebe zu einem lohnenden Geschäft werden kann (statt zu einer fortdauernden Frustration, weil sie keines ist), muss sie fähig sein, (liebevoll) *Allem* Platz zu bieten. Wir Menschen, die wir uns nicht darauf beschränken, Tiere zu sein, können nicht auf die Göttlichkeit, die Ewigkeit und das *Ganze* verzichten. Es gibt zwei reale Alternativen: Entweder die Verbindung mit der *Ganzheit* aufrechterhalten, indem man dem Partner vorwirft, nicht genügend Zeit miteinander zu verbringen, nicht zärtlich genug zu sein, nicht oft genug Sex zu haben oder nicht immer im angemessenen Format … Oder aber der Liebe eine Dimension eröffnen, in der wirklich *Alles* Platz hat: alles Vertrauen und absolutes Geheimnis, die gesamte Spannbreite vom Höchsten bis zum Niedersten, vom Reinsten bis zum Schmutzigsten, vom Edelmütigsten bis zum Schändlichsten, alle Grade der Zärtlichkeit und alle Grade der Dominanz gemeinsam durchlaufend … das heißt etwas, das einer allein nicht erreichen kann, aber schon eher mit Freunden.

Grindr. Eine Million Freunde

Woher nimmt man «Freunde» in genügender Anzahl, um sich dieser *Ganzheit* anzunähern? Diese Frage vermag gerade die Schwulen nicht besonders zu beunruhigen. Man braucht nur ein Telefon mit Internetzugang und GPS, und schon ist dieses Problem gelöst. Möglicherweise gibt es ab einem bestimmten Alter keinen einzigen Schwulen, der noch nie Grindr (oder eine vergleichbare App wie Wapo, Scruff usw.) benutzt hat, um dieses Stückchen *Ganzheit* zu finden, das er in einem bestimmten Moment vermisst haben mag. Sagt nicht eine Redensart «Kein Abschied ist für immer, und Grindr ist unser Finder»? Und tatsächlich finden wir uns ausnahmslos (der Sprüchemacher weiß, wovon er redet).

In den Zentren der Großstädte äußert sich das dahin gehend, dass es zu jedem Zeitpunkt selten weniger als acht oder zehn Männer gibt, die in deinem Häuserblock etwas suchen (oder dass viele Profile, die die App dir anzeigt, maximal 800 oder 900 Meter von dir entfernt sind). Aber den größten Nutzen daraus ziehen die Kleinstädte und die ländlichen Gegenden. In einer solchen nach wie vor repressiven und erstickenden Umgebung ist es von entscheidender Bedeutung, die Kontaktdaten aller Schwulen zur Hand zu haben, die in deinem Dorf, in deinem Tal, in deiner Kleinstadt oder in deinem Landkreis wohnen. Und alle meint hier wirklich alle, als lieferte man dir ein Telefonbuch mit sämtlichen Schwulen aus deiner Gegend ins Haus. Das macht es häufig möglich, eine befreite Gemeinschaft entstehen zu lassen, sogar unter schwierigsten Bedingungen.

Außerdem empfinden wir es, im Gegensatz zu den Heterosexuellen, selten als beschämend, uns diese Instrumente zunutze zu machen. Auffallend in der heterosexuellen Welt ist der Kontrast zwischen der weiten Verbreitung entsprechender Apps (wie zum Beispiel Tinder) und dem geringen Austausch darüber. Der Grund dafür könnte die allgemeine Verlogenheit sein, mit der sich dieses Milieu organisiert (worauf wir bereits in Zusammenhang mit der Prostitution verwiesen haben). Aber in diesem Fall gibt es noch eine andere Hypothese: dass das jämmerliche Ergebnis der App eine gewisse Beschämung hervorruft. Das ist auch leicht verständlich. Tatsächlich erfreuen sich in der heterosexuellen Welt, als Folge eines gesunden Neids, neuerdings solche Apps wachsender Beliebtheit. Anscheinend lernen die Heteros dank uns Wegbereitern auch nach und nach dazu. Aber das Ergebnis ist frustrierend, zumindest bis jetzt noch, sowohl für die Männer als auch für die Frauen: Die Frauen finden auf Tinder kaum Männer, die nicht bloße Sklaven der gängigen Vorstellungen dessen sind, was ein «richtiger Mann» bieten muss: ein aufmerksamer, beschützender, interessanter Gentleman zu sein. Es ist nicht leicht, ein bloßes Sexualobjekt zu finden, eine Art Vibrator aus Fleisch und Blut: Immer kommt da ein Typ, der reden, verführen, sich klug, entschlossen, zuversichtlich, sicher und beschützend zeigen muss. Wenn das dem innersten Begehren beider Seiten (der Männer wie der Frauen) entspräche, oder wenigstens dem Begehren einer der beiden Seiten, hätte das einen Sinn. Aber so ist es nicht: Es ist ein aufgezwungenes Verhalten, das beide Seiten frustriert (wie beide eingestehen, wenn sie danach gefragt werden und sich gezwungen sehen, zumindest einen Moment lang über ihr eigenes Begehren nachzudenken). Im Allgemeinen ist es für den Mann ermüdend, Gefangener dieser Figur zu sein, die sich nicht hinreißen lassen und sich nicht als bloßes Objekt hingeben darf. Und genauso ist es für die Frau häufig langweilig, die Farce dieser Figur stundenlang begleiten zu müssen. Ihrerseits tragen auch die Frauen schwer an der Bürde, tun zu müssen, was von einer «richtigen Frau» erwartet wird: zurückhaltend, zärtlich, nett, etwas schamhaft zu sein … letztlich, nicht zu sehr «Hure» zu sein, um nicht von dem betreffenden Kontakt zurückgewiesen zu werden, selbst wenn sie vielleicht gerne so wäre oder er sie gern so hätte.

Damit will ich nicht behaupten, dass das ein Format ist, das man unmöglich wollen kann. Es ist durchaus denkbar, dass ein befreites Begehren dieses Format gelegentlich verfolgt. Ich will nur darauf hinweisen, dass dies nicht das einzig mögliche Format ist. Ein befreites Begehren wird zumindest ab und zu andere Dinge verfolgen. Woher ich das weiß? Wir Homosexuellen wissen einfach, dass ein befreites Begehren auf die eine oder andere Weise nur alles zusammen verfolgen kann.

Tagebuch der (zeitfreien) Sessions

Die Bereitschaft, sich in Bezug auf die Liebe und die Gefühle frei zu erschaffen, eröffnet ein gewaltiges Potential, um auch den Sex mit der Haltung eines Künstlers anzugehen. Diese Sicht des Sex als einer der Schönen Künste äußert sich in vielen Einzelheiten. Nehmen wir zum Beispiel die sogenannten Sessions oder *sex parties*. Wenn du schwul bist und mitten in einer Großstadt lebst, brauchst du nur Grindr oder eine ähnliche App zu öffnen (besonders am Wochenende), um festzustellen, dass wenige Meter von deiner Haustür entfernt mehrere Sessions veranstaltet werden. Nicht dass ich wüsste, wo du genau wohnst, aber sie finden immer wenige Meter von egal welcher Wohnung statt. Bist du dagegen heterosexuell und hast irgendwann die entsprechenden Apps ausprobiert, wirst du wahrscheinlich eine gewisse Frustration und einen gewissen Neid verspüren.

Die Sessions sind vor allem ein Raum ohne Eile. Wir haben selten Gelegenheit, freie Zeit zu genießen und zu sehen, was dann passiert. Der moderne Mensch ist ein Sklave der Zeit: Stets hat er zu wenig Zeit (um zu reden, um kreativ zu sein, um nachzudenken, um sich zu pflegen, um Zeit zu verlieren oder um zu vögeln). In unserer Welt haben sich die Mächtigen zu Feinden der wirklich freien Zeit erklärt: Die Zeit der Arbeit und der Produktion kennt keine Schlupflöcher, und, was schlimmer ist, auch die Freizeit wird von Industrien absorbiert, die sie bis zum Äußersten standardisieren: Überall, vom Tourismus bis zu den Themenparks, hat man der Freizeit Konsumrhythmen aufgezwungen, die so vollgepackt und ermattend sind wie die Arbeitsrhythmen. Wir sind tatsächlich an die Zeit gekettet. Die wenigen Einrichtungen, die gerade geschaffen wurden, um den Menschen wirklich freie Zeit zu geben, sind zum erklärten Ziel des Establishments geworden. Die Fakultäten für Philosophie zum Beispiel hatten die Aufgabe, uns von der Zeit zu befreien, so dass Studenten und Professoren alle Zeit der Welt hätten, um miteinander ohne Eile zu reden und zu denken; um zu verhindern, dass Sokrates wieder einmal «aus Zeitnot» aus dem Studienplan flöge. Diese Freiheit gegenüber der Zeit ist heute eine Anomalie, deren sich die Logik der Produktion und des Konsums entledigen will.

Nun, die Sessions gehören auch zu diesen Räumen, in denen wir freie Zeit haben. Genau das ist die erste und wichtigste Voraussetzung. Von vornherein gilt für alle Sessions das Motto: «Niemand trete hier ein, der nicht freie Zeit hat.» Um diese Freiheit zu garantieren, kann man zur Chemie greifen (Kaffee oder anderes) oder sich vorher einen Platz aussuchen, wo man zwischendurch ausruhen kann, um dann mit neuer Energie weiterzumachen. Unentbehrlich ist einzig und allein, dass die Zeit nicht über einen bestimmt.

Wofür so viel Zeit? Oder besser gesagt: Warum ist eine so freie Zeit von entscheidender Bedeutung? Weil die Aufgabe, die vor uns liegt, (ähnlich wie in der Philosophie) buchstäblich unendlich ist. Es geht darum, im Grunde unbegrenzte Zeit zur Verfügung zu stellen, um dem ursprünglichen Strom freien Lauf zu lassen und zu verfolgen, wie er nach und nach in jedem Moment die Formen annimmt, die ihm liegen. Es ist schon eine Art Wunder, zu entdecken, wie es unter günstigen Bedingungen ganz den Anschein hat, als verlangte der ursprüngliche Strom direkt nach den Formen, die ihm am besten bekommen.

Logischerweise kommt dabei manchmal nichts Bemerkenswertes zustande. Wenn man so unvermittelt auf ein Rohmaterial stößt und die Gestalt zu finden sucht, nach der es zu verlangen scheint, kann es passieren, dass man sie nicht findet, dass verfehlte Formen gemeißelt oder nicht genau die richtigen Knöpfe betätigt werden. Auch Bildhauer holen nicht immer Meisterwerke aus einem Marmorblock heraus: Manches Mal geht der Meißelhieb daneben, oder er ist zu heftig oder zu schwach, oder er setzt an der falschen Stelle oder im falschen Winkel an. Bisweilen wird sich der Marmorblock sogar in einen Trümmerhaufen verwandeln, so dass man abwarten muss, ob man mit dem nächsten mehr Glück hat. Schafft man es aber, aus dem Marmorblock eine Gestalt herauszuholen, die so ist, als habe das Rohmaterial selber sie für sich eingefordert, ist das Glück der Begegnung in jedem Fall für alle unschwer erkennbar.

Auch die Musik liefert einen guten Vergleich: Sieht man die Tasten eines Klaviers, noch bevor darauf gespielt wird, weiß man, dass darin unendlich viele mögliche Kompositionen eingeschlossen sind, von den schönsten Melodien bis zu schrecklich klingenden Kombinationen. In dem Klavier steckt alles. Alles ist eine mögliche Kombination seiner Tasten. Die schönsten Melodien herauszuholen gelingt einem nur mit Begabung und nach langer, intensiver Beschäftigung. In vielen Fällen scheitert man. Manchmal setzt sich der Komponist ans Klavier, verfügt über freie Zeit und bringt nichts Bemerkenswertes zustande. Gelingt ihm etwas, erkennt er es unschwer, aber es gibt Momente, in denen ihm nichts Besonderes glückt. Das ist nichts Außergewöhnliches. Das ist ganz normal, wenn es darum geht, einem unbegrenzten Strom Gestalt zu verleihen. Haarsträubend wäre vielmehr die Annahme, man habe alle Möglichkeiten und Grenzen der Musik erkundet und ausgeschöpft, wenn man fähig ist, *La cucaracha* auf einem Casio-PT-1-Keyboard zu spielen (genau darüber beklagen sich nicht wenige heterosexuelle Frauen).

Indessen weiß jeder Homosexuelle, der wirklich an einer zeitlich unbegrenzten Session teilnimmt, dass alles, absolut alles schön oder erhaben sein kann, wenn man nur die richtigen Tasten anschlägt. Klar, das gelingt nicht immer. Aber wer das nicht anerkennt, braucht gar nicht erst anfangen zu spielen.

Wenn man anfängt zu spielen, ist alles offen; wenn nicht, gibt es kein Spiel. Davon ausgehend ist es einfach, einen großen Meister zu erkennen, der fähig ist, aus dem Rohmaterial, dem er in jedem Moment begegnet, etwas zu erschaffen. Ebenso erkennbar sind die guten Interpreten, die geschickt und virtuos bereits geprobte Sequenzen durchlaufen, fähig, in befriedigender Weise auf das einzugehen, was diese elementare Energie einfordert (eine Energie, die unendlich viele Gestalten anzunehmen vermag, aber der nicht die erstbeste Gestalt genügt).

Einige spielen ihre eigenen Werke, andere interpretieren die (der Pornographie oder vorangegangenen Sessions entnommenen) Werke anderer; einige sind Handwerker, andere Künstler; einige lassen es eher bereitwillig mit sich geschehen, andere leisten mehr Widerstand; manch einer versteht die Widerstände als Teil des Spiels; einige finden leicht in die Spiele hinein, andere finden gar nicht hinein; an manchen Tagen ist es möglich, sich von den Standardformen des Alltags frei zu machen, an anderen Tagen leisten die herkömmlichen Kästchen zu großen Widerstand; manche Züge der eigenen Gestalt bewegen sich nur selten, andere lassen sich ganz nach Belieben zeichnen und ausradieren ... Aber alles ist offen und zeitfrei.

Die Spitze des Eisbergs

Wie dem auch sei, in den Sessions zeigt sich etwas sehr Aufschlussreiches, nicht nur in Bezug auf den Sex, sondern auch allgemein in Bezug auf das Leben: Die Gestalt, die wir im Alltag zeigen, ist nur ein Korsett, in das wir unsere ursprüngliche Energie zwängen. Eine Fiktion, die man – zumindest ab und zu – besser ablegt, damit das «Ding innen» durchatmen und sich ausdehnen kann. Viele Heterosexuelle sind so sehr an ihr formendes Korsett gewöhnt, dass sie es ihr Leben lang nicht einen Moment lang ausziehen; etwa so, wie es die chinesischen Frauen mit ihren Fußbandagen taten. Das kann nicht gut gehen. Oder zumindest kann man nicht erwarten, dass das ohne Folgen bleibt (über die wir uns dann wundern).

Nur wer etwas freie Zeit darauf verwandt hat, auf dem Territorium der Urquellen und der Urgründe zu spielen, weiß, dass seine eigene gewöhnliche Gestalt (die des aggressiven Managers, die des friedlichen Mannes, die der sittsamen Frau oder was auch immer) unendlich viele verschiedene Formen annehmen kann.[17] Der aggressivste Manager kann begehren, auf die unbarmherzigste Weise erniedrigt zu werden; der friedlichste Mann kann sich als Teufel entpuppen; jede Gestalt kann zu ihrem Gegenteil oder zu einer völlig anderen Gestalt werden (ohne die Notwendigkeit, auch nur die Symmetrie des Gegenteils zu wahren). Und das ist unvermeidlich dann der Fall, wenn die Urquellen nicht vorinstalliert sind. Wie bereits gesehen, neigen die Heterosexuellen ja zu der Ansicht, die «Natur selbst» verleihe eine Gestalt (ein Gesicht, eine Maske oder eine Figur), die «die richtige» ist (zugleich «natürlich» und «moralisch»). Gleichwohl beruht dieses Trugbild nur darauf, dass sie, nachdem man schon in ihrer Kindheit sämtliche Programme in ihnen installiert hatte, ohne dass sie es merkten, alles als naturgegeben betrachten.

In Wirklichkeit sind wir eine Art Eisberg, von dem nur ein winziger Bruchteil sichtbar ist. Was uns ganz wesentlich von den Heterosexuellen unterscheidet, ist nicht die Größe, die Intensität oder die Perversion der ozeanischen Unermesslichkeit, die wir nicht sehen, sondern dass wir das für gewöhnlich wissen, damit spielen und es genießen (und es deshalb zugleich rational kontrollieren), während ein Großteil der Heterosexuellen (oder der Homosexuellen, die sich selber nicht anerkennen, was in diesem Fall auf dasselbe rauskommt) es ignoriert, es nicht genießt und deshalb auf so unbewusste wie unerbittliche Weise dadurch kontrolliert wird.

Sex parties, das sind Feste, ein Ort, an dem man spielt und sich ursprünglich erschafft. Aber es wäre ein Irrtum zu glauben, das Gegenteil von Spiel sei Ernsthaftigkeit. Ganz im Gegenteil: Jedes Spiel verlangt, sehr ernst genommen zu werden. Freud hat völlig Recht, wenn er sagt: «Der Gegensatz zu Spiel ist nicht Ernst, sondern – Wirklichkeit.»[18] Allerdings bezeichnen wir als «Wirklichkeit» (so erklärt es Freud) in gewisser Weise das Spiel, das wir uns selbst zeigen und das wir unseren Nachbarn zeigen. Selbst die Heterosexuellen (zumindest die klügsten unter ihnen) sind sich bewusst, dass sie ihr Leben lang und in ihrem Alltag verschiedene Masken tragen und verschiedene Figuren darstellen: Es ist nicht genau dieselbe Figur, die sich der Familie, den Freunden, den Nachbarn, den Arbeitskollegen, dem Lebenspartner und Unbekannten usw. zeigt. Aber es ist nicht leicht zu sagen, welche davon die wahre Persönlichkeit ist. In gewisser Weise sind es alle. Und in gewisser Weise ist es keine. Man kann nicht so ohne weiteres wissen, ob es ein wahres Ich gibt angesichts des Verdachts, dass die verschiedenen Figuren alle eine Täuschung sind, oder ob im Gegenteil die «Wahrheit» der eigenen Person die Summe aus den verschiedenen Figuren ist, die wir nach und nach darstellen. Sogar die Heterosexuellen sind fähig, manchmal zu erahnen, dass es niemanden gibt, der wahrhaftiger ist als die verschiedenen Figuren; dass sich hinter jeder der Masken kein eindeutiges, klar definiertes Gesicht verbirgt; dass die einzige präzise und abgegrenzte Gestalt die der Masken und der Figuren ist; dass diese Masken und diese Gesichter sich aus der Tatsache ergeben haben, dass man einer Sache Gestalt verliehen hat, die zuvor keine besaß: einer Art Rohmaterial, das ganz unterschiedliche Formen anzunehmen und zwischen ihnen zu wechseln vermag, das aber überhaupt nicht definiert ist (nicht spezifisch, nicht begrenzt, nicht real), solange aus ihm nicht eine (diese, jene oder noch eine andere, aber eine konkrete) Figur gebildet wird; und dass es in Wirklichkeit nicht eine einzige «wirklich wirkliche» Figur gibt (während alle anderen, verglichen mit ihr, «falsch» sind), sondern dass man, im Gegenteil, selber die Vielzahl von (mehr oder weniger miteinander kompatiblen) Gestalten, Figuren, Gesichtern, Masken und Rollen ist, die man sich angeeignet hat.

All diese Gesichter oder Masken (die wir Freunden und Unbekannten, Nachbarn und Verwandten, dem Lebenspartner und uns selbst zeigen) sind sich in jedem Fall ziemlich ähnlich oder weisen untereinander einen minimalen Zusammenhang auf, den wir mit geistiger Gesundheit gleichsetzen. Aber all diese Figuren ähneln einander oder weisen zumindest einen Zusammenhang untereinander auf, weil sie alle Gestalten der Seite A sind, sie sind nur die sichtbaren Profile der Spitze des Eisbergs. Unter dieser unscheinbaren sichtbaren Spitze verbirgt sich eine Masse von der Größe eines Ozeans, die selbst wir nicht kennen. Eine gewaltige Seite B, über der ein winziges Grüppchen von Gestalten auftaucht, die im Grunde nicht wissen, was sie da unter den Füßen haben. Und doch entfaltet die Seite B, die ozeanische Masse, auf der errichtet wird, was wir zeigen, in verrücktester und unvorhersehbarster Weise unaufhörlich und ungehindert ihre Wirkungen, es sei denn, man unterzieht sie einer strengen Überwachung (was das Wissen voraussetzt, dass diese Seite existiert). Diese Seite B, diese gemeinhin unbekannte ozeanische Tiefe, wird ein wenig sichtbar in den Spelunken, Bordellen, Saunen, Sexclubs und anderen Höhlen der Großstädte. Aber auch in Kriegen, in der willkürlichen Grausamkeit gegenüber Tieren (die mancherorts sogar in den Rang eines Kulturguts oder einer Nationalfeier erhoben wird), in der machistischen Gewalt, im Mobbing an den Schulen oder in der Selbstquälerei mit einer belanglosen Sünde.

Es gibt gute Gründe für die Vermutung, dass wir unter «realer Welt» nur die Spitze des Eisbergs verstehen und dass der große Unterschied zwischen den Heterosexuellen und uns vor allem und gerade darin besteht, wie wir mit der Seite B umgehen. Unter den Homosexuellen gibt es wenige, die die Existenz dieser Seite leugnen; wenige unter uns weigern sich anzuerkennen, dass wir aus den Händen Gottes und zugleich aus denen des Teufels stammen; wenige unter uns haben etwas gegen das Laster. Man hat uns gar keine Möglichkeit gelassen zu glauben, dass unsere Lebensweise etwas anderes sei. Und tatsächlich war sie lasterhaft. Nicht lasterhafter als die der übrigen Menschen, dafür aber sichtbar und insofern formbar und kanalisierbar. Dank dieser Tatsache haben wir gelernt, mit allem Verborgenen zu spielen und es zu genießen, anstatt es möglichst zu ignorieren und schließlich von unbekannten Strömungen (mit möglicherweise schrecklichen Folgen) kontrolliert zu werden.

Um aber mit diesen Strömungen zu spielen, ihnen Gestalt zu verleihen, sie zu befriedigen, sie sichtbar zu machen und sie unter (ausdrücklicher) Kontrolle zu haben, ist es notwendig, Zeit frei zu lassen, um sich auf dem Gebiet der Urquellen spielerisch (genüsslich, aber nicht zerstörerisch) erschaffen und konstruieren zu können.

Mit der Unendlichkeit spielen

Die möglichen Spiele mit der Unendlichkeit sind per definitionem unendlich. Dem Erschaffen freien Lauf zu lassen, bis dieser hitzige ursprüngliche Strom, der nicht weniger als *Alles* verlangt, Gestalt annimmt und befriedigt ist, erfordert, viel zu spielen und vor allem, die Spiele sehr ernst zu nehmen. Unbekannte, widersprüchliche, alternative, verrückte, unbegreifliche, unbeschreibliche, unendliche Formen zu suchen.

Was suchen wir, wenn wir Sex suchen? Zweifellos suchen wir manchmal danach, uns durch die Liebe zu Göttern oder Sternen zu machen. Aber wie gesagt, in diesem Punkt unterscheiden wir uns, denke ich, nicht wesentlich von den Heterosexuellen: Die Suche nach der *Ganzheit* in dem Teil von uns, den Gott geschaffen hat, ist uns allen erlaubt, und diesen Weg beschreiten wir alle in gleicher Weise.

Ein deutlicher Unterschied indessen besteht in der Art, wie wir mit der *Ganzheit* umgehen, die der Teufel schuf. Diese Bindung an die Unendlichkeit (auf die wir Menschen nicht verzichten können) ist zweifellos bei den Homosexuellen (erneut spreche ich als Vertreter der männlichen Homosexualität, die ich am besten kenne) viel intensiver vorhanden. Als ein Beispiel hierfür dürfte die große Zahl an Saunen, Clubs, Sexlokalen, Darkrooms oder privaten Sessions genügen, die in der Welt der Schwulen (im Unterschied zur heterosexuellen Welt) veranstaltet werden, und vor allem die Vielfalt an Formaten, speziellen Reizen, Mottopartys oder bestimmten Profilen und Praktiken, die jeden der

tausenden, täglich organisierten Meeting Rooms auszeich-
nen. In der heterosexuellen Welt gibt es auch Clubs für Sex
und Partnertausch, aber jeder, der das Innenleben einer
Großstadt und die Funktionsweise der Apps kennt, die wir
weiter oben erwähnt haben, oder die Welt der Kontakt-
Portale, weiß, dass dies überhaupt nicht vergleichbar ist.

Nehmen wir mal als Beispiel die beliebte spanische Web-
site für Sex-Dating zwischen homosexuellen Männern, Tu-
amo.net. Dort kann man Kontakte suchen und daten, indem
man Profile nach folgenden Kriterien filtert: 24/7, Achseln,
Asphyx, Aufhängevorrichtung, Auspeitschen, Bad Boy,
Bakalas, Bären, Basecaps, Beschimpfungen, Biker, Blut,
Bondage, Brandmale, Bukkake, CBT, Cruising, Darkroom,
Deepthroating, Demütigung, Dessous, Dildos, Dogtrai-
ning, Domination, Doppelpenetration, Drogen, Einläufe,
Entmenschlichung, Erbrechen, Exhibitionismus, Extreme
Praktiken, Facesitting, Feminisierung, Fesseln, Fetischklei-
dung, Fisting, Folter, Fußballer, Füße, Gebrauchte Wäsche,
Geschichten vorlesen, Golden Shower, Gummi, Harness,
Hausangestellter, Hörner, Hypnose, Industriell, Infusion
mit Kochsalz, iTuamo, Keuschheit, Keuschheitsgürtel, Kit-
zeln, Klammern, Kontrolle mental, Kontrolle Atem, Kör-
pergeruch, Kreuzigung, Latex, Leder, Lehrer und Schüler,
Makrophilie, Männer alt, Männer fettleibig, Männer groß,
Männer gut gekleidet, Männer jung, Männer klein, Männer
mit Schnurrbart, Männer mit Vollbart, Männer muskulös,
Männer nicht tuntig, Männer schlank, Männer stark be-
haart, Masken, Massagen, Medizinisch, Mikrophilie, Mili-
tärästhetik, Mumifizierung, Öffentliche Toiletten, Orgien,

Paarbeziehung, Pantoffeln, Partnertausch, Partys, Penis-
ringe, Penisse groß, Penisse klein, Petplay, Piercings, Pok-
ero, Polizeiästhetik, Rasieren, Raucher, Reif und Jung, Reitgerte, Reizentzug, Rimming, Safer Sex, Sandalen, Scat,
schlechter Geruch, Schmerz, Schuhe, Schweiß, Skaters,
Smegma, Socken, Spanking, Sportkleidung, Spucken, Stie-
fel, Suspension, Trampling, Transsexuelle, Transvestiten,
Tuamo.net, Tunten, Umkleidekabinen, Uniformen, Unterwerfung, Vakuumpumpe, Vibratoren, Videos sehen, Wachs,
Weißer Regen, Züchtigung seelisch, Züchtigung körper-
lich.

So wie Wörter einfach notwendig sind, damit eine Such-
maschine funktionieren kann (das heißt, wie Bereiche abgesteckt, beschränkt und eingegrenzt werden müssen), können
diese Suchkriterien (diese wie auch alle anderen möglichen)
die Unermesslichkeit des primären Magmas niemals vollständig erfassen und ihr folglich auch nicht gerecht werden.
Aber da es nicht wenige sind und sie im Positiven wie im
Negativen als Filter dienen (indem sie Personen suchen, denen etwas gefällt, oder im Gegenteil Personen ausschließen,
weil ihnen etwas gefällt), ergeben sich daraus zwar nicht
unendlich viele Suchergebnisse, aber doch viele Millionen
möglicher Optionen (konkret 2 722 258 935 und diverse Nul-
len, keine Ahnung, wie viel das ist). Das sind nicht unendlich viele, aber so gut wie.

Ein Hoch auf die Ketten!

Ich will noch einmal mit Nachdruck darauf verweisen, mit welcher Leichtigkeit wir Homosexuellen bestimmte aggressive Begierden über den Sex kanalisieren. Die Wichtigkeit dessen kann man gar nicht genügend herausstellen. Denn es hat katastrophale Auswirkungen auf die reale Welt, wenn man diese vernachlässigte Front aufgibt (und verantwortungslosen Händen überlässt).

Gehen wir von einer offensichtlichen Tatsache aus: Die Heterosexuellen machen sehr seltsame Dinge: Sie hupen wie wahnsinnig an den Ampeln, verpassen Hunden Fußtritte, handeln in der Politik wie Leitochsen und bringen sogar ihre Frauen um. Und das in Friedenszeiten. Was sie in Kriegen oder in Szenarien völliger Straffreiheit machen, ist nur mit dem Ungeheuer von Amstetten vergleichbar.

In der Passage aus *Eroberung des Glücks* von Bertrand Russell, die ich im Abschnitt «Rationale Moral» zitiert habe, kam etwas ebenso Verblüffendes wie Unbestreitbares zum Ausdruck: Die traditionelle Moral, mit der uns das Schuldgefühl quält, wenn es erstarkt, setzt eine Unzahl völlig unsinniger Verbote fest, während sie den wahren moralischen Gefahren, denen wir ausgesetzt sind, keine Beachtung schenkt. Alles, was den spielerischen und unterhaltsamen Sex betrifft (der über die Fortpflanzung hinausgeht), ist auf zwanghafte Weise eingeschränkt. Und zwar umso heftiger, je mehr man das Terrain dieser noch zu entdeckenden Unermesslichkeit frei zu erkunden sucht. Nicht einmal Erwähnung finden hingegen die realen Aggressionen, die gegen

Dritte begangen werden (und die folglich das einzige Ziel moralischer Überwachung sein müssten): Härte gegen Angestellte, schlechte Behandlung von Frau und Kindern, hässliche Gesinnung gegen Konkurrenten, Unerbittlichkeit in politischen Konflikten …

Leider können sich die Menschen nicht aussuchen, aggressive Triebe zu haben oder nicht. Die realen Alternativen sind: entweder sich diesen Trieben bewusst stellen oder sie mit Hilfe des Spiels oder der Fantasie befriedigen (ohne reale Schäden in der Welt zu verursachen) oder aber sie ignorieren und, in Abwesenheit einer expliziten und rationalen Kontrollinstanz, es zulassen, dass diese Triebe die Kontrolle über uns übernehmen (ohne dass es uns bewusst ist), was ebenso schreckliche wie unvorhersehbare Folgen hat.

Man kann verstehen, dass eine Kriegergesellschaft die aggressiven Triebe ihrer Individuen kanalisieren muss, indem sie Feinde tötet. Hier handelt es sich um ein Problem der Wirtschaftlichkeit: Es wäre eine Vergeudung von Ressourcen, wenn man diese Triebe auf andere Weise ohne sichtbare Auswirkungen befriedigen könnte (also gewissermaßen auf «unproduktive» Weise). Aber genau deswegen ist die «moralische» Ablehnung, die Aggressivität über den Sex (als Spiel und ohne sichtbare Folgen) zu befriedigen, letztlich eine unbewusste Entscheidung zugunsten der Aufrechterhaltung einer Kriegergesellschaft.

Liebe machen statt Krieg oder   was letztlich dasselbe ist (so die von uns vertretene These) – Krieg im Bett machen statt auf dem Schlachtfeld, ist eine moralische Entscheidung für eine Welt mit weniger realen Kriegen. Verhindert man hingegen, dass der Sex zur Kanalisierung aggressiver Triebe eingesetzt werden kann, bedeutet das, ob man will oder nicht, die Entscheidung für eine Welt, in der diese Aggressivität sich auf andere Weise Bahn bricht und Krieg führt, mit den furchtbarsten Folgen.

Geht man jedenfalls nicht von der gesicherten Tatsache aus, dass wir Menschen etwas sehr Seltsames sind, dann denkt man alles umgekehrt, als es in Wirklichkeit geschieht: Wir haben uns immer untereinander umgebracht in einer Weise, für die es in keiner anderen Spezies eine Entsprechung gibt; wir verbringen den ganzen Tag mit der Reitgerte in der Hand und züchtigen notfalls uns selber, wenn wir kein besseres Opfer finden; die Misshandlungen seitens der Polizei (denken wir zum Beispiel an die USA, damit uns hier unsere politische Meinung nicht weg von unserem Gedankengang und in die Irre führt) bewegen sich nicht selten auf einer Stufe der Grausamkeit, die nicht im Geringsten durch Befehle und Gesetze gerechtfertigt ist; die Gewalt gegen Tiere (einschließlich des Einrammens von Speeren und mit buntem Papier geschmückten und Widerhaken versehenen Stäben) kann sogar den Rang einer Nationalfeier erlangen ...

Diese ganze Reihe von Schrecklichkeiten bildet den Alltag der meisten Völker. Die «normalen Leute» bemerken möglicherweise nicht einmal, dass etwas Seltsames daran ist, solche Dinge zu genießen, verurteilen aber die Reitgerten oder die Ketten, die im Bett benutzt werden können. Die einzige plausible Erklärung dafür ist, dass wir als «normale Leute» gedankenlose Menschen bezeichnen, das heißt Individuen, die von einem Unbewusstsein regiert werden, das ihnen (noch) nicht erlaubt hat, Ketten zu genießen, wenn sie befreiend sind, und sie abzulehnen, wenn sie tatsächlich fesseln.

Das ökonomische Problem des Masochismus

Zu den häufigsten möglichen Arten, Kriege mit verheerenden Folgen zu erklären, gehört die Kriegserklärung an die eigene Person. In einem großartigen Text mit dem Titel *Das ökonomische Problem des Masochismus* erklärt uns Freud, wie die Dinge immer andersherum geschehen, als wir es uns vorstellen. Wenn wir uns mit Schuldgefühlen quälen, pflegen wir zu denken, dass die Reihenfolge der Geschehnisse folgende ist: Zuerst begehen wir einen «Fehler» (Vergehen oder Sünde) und spüren folglich eine «Schuld», die nach einer «Strafe» (das heißt nach einer Aggression) verlangt. Aber Freud zeigt, dass sich die Dinge in genau umgekehrter Reihenfolge ereignen: Als Erstes kommt es zu einem Uraggressionsverlangen, das allen Menschen eigen ist (von Freud als «Todestrieb» bezeichnet). Dieser Urtrieb kann sich nach außen in Gestalt einer wirklichen Aggression gegen jemanden entladen. Darum verfügt jede Kultur über Mechanismen, über die solch ein Ausbruch eingedämmt und kanalisiert werden kann. Doch jeder Aggressionstrieb, der sich nicht nach außen entlädt, zieht sich nach innen zurück. Diese innere Aggression kann das Subjekt nur als Strafe interpretieren, und es muss sich demzufolge eine

Schuld erfinden, indem es sich irgendeiner Sache als Fehler bedient. Wenn der Psychismus allerdings auf einen tatsächlichen und schlimmen Fehler zurückgreifen kann, lässt er ihn nicht ungenutzt. Wenn also irgendeine schändliche Tat begangen wurde, wird sich das Schuldgefühl daran festklammern. Aber das ist nicht das Entscheidende. Es bedeutet nur, dass, wenn der Psychismus auf echte Entschuldigungen zugreifen kann, er keine gefälschten, erfundenen auswählen muss. Aber wenn er nichts anderes zur Verfügung hat, ist ihm jeder Unsinn recht. Wenn er nichts Ernsthaftes findet, woran er sich festklammern kann, pickt er sich irgendeine Lappalie heraus und macht sie zu einem Fehler, der schlimm genug ist, um sich mit Schuldgefühlen zu quälen.

«... nur so kann man verstehen, dass aus der Triebunterdrückung – häufig oder ganz allgemein – ein Schuldgefühl resultiert und dass das Gewissen um so strenger und empfindlicher wird, je mehr sich die Person der Aggression gegen andere enthält. Man könnte erwarten, dass ein Individuum, welches von sich weiß, dass es kulturell unerwünschte Aggressionen zu vermeiden pflegt, darum ein gutes Gewissen hat und sein Ich minder misstrauisch überwacht.»[19]

Doch genau das Gegenteil ist der Fall. Da zuerst der Aggressionstrieb da ist, auf den die Sequenz Strafe-Schuldgefühl-Fehler folgt, ist die moralische «Strafe» umso größer (statt kleiner), je größer der Verzicht auf die Aggression ist.

Genau dieser Ursprung im Todestrieb veranlasst Freud, darauf hinzuweisen, dass in dem (angeblich immer so edelmütigen) «moralischen Bewusstsein» nicht wenige Gefahren verborgen sind. Im Moment interessiert uns dieses Thema nur insoweit, als es das Glücksempfinden der Personen betrifft. Wie bereits angekündigt, werden wir im Kapitel 4 sehen, dass all diese Dinge entscheidende Auswirkungen auf die Errichtung einer zivilisierteren Welt haben.

Christentum:
Die Geißelung des Fleisches

All das sind Dinge, die den verschiedensten Traditionen bekannt sind, auch wenn sie es leugnen. Es gibt keine plausiblere Erklärung dafür, dass zum Beispiel die Peitschen, die Geißeln oder die Saetas eine so wichtige Rolle in der katholischen Tradition spielen.

Es bleibt völlig unklar, weshalb die Geißelung des Fleisches zwangsläufig eine Reinigung des Geistes bewirken sollte. Dennoch gibt es auffallend viele Heilige, die dies dank des Martyriums erreicht haben. Es gibt nur wenige bedeutende Heilige, die nicht (wie Sankt Sebastian) von Pfeilen durchbohrt, (wie Sankt Andreas) an einem Andreaskreuz zu Tode gemartert, (wie Kosmas und Damian) gefoltert und enthauptet, (wie Sankt Lorenz) auf einem glühenden Eisenrost hingerichtet, mit dem Kopf nach oben oder (wie Sankt Peter) mit dem Kopf nach unten gekreuzigt wurden. Und in allen Fällen wird die jeweilige Form des Martyriums zum Symbol ihrer Heiligkeit: Man errichtet Kloster in Form eines Eisenrostes, die Wappen füllen sich mit Andreaskreuzen usw.

Woher kommt diese Gewissheit, dass allein schon die Geißelung des Fleisches die Seele reinigt? Warum reproduzieren die einflussreichsten Traditionen die *via crucis*, die Peitschenhiebe, die Wunden, die Blasen und die Nadeln, mit denen sie aufgestochen werden, all diese Foltern …? Wäre es nicht vernünftiger, sich an dieser Schöpfung Gottes, der Welt mit ihren fleischlichen Genüssen und allem anderen zu erfreuen und sie zu genießen, statt sie zu foltern?

Hier geht es um etwas sehr tief Reichendes, das zweifellos mit dem zusammenhängt, was wir im vorangegangenen Abschnitt kommentiert haben: Alle Aggressivität, die nicht einfach im Spiel und in der Fantasie entladen wird, bricht unweigerlich an anderer Stelle hervor. Wenn sie keinen Weg nach außen findet, indem sie symbolisch oder real andere angreift (da die kulturellen Erfordernisse immer Einschränkungen auferlegen), richtet sich diese Aggressivität nach innen als Bedürfnis nach einem Martyrium. Die üblichste Form, sich dieses Bedürfnisses anzunehmen, ist das Schuldgefühl (das das arme Ich quält). Aber es ist leicht zu verstehen, wie diese Qual der Schuldgefühle durch eine körperliche Aggression gegen einen selbst ersetzt werden kann. Indem die Peitschenhiebe und die äußeren Bußen (letztlich die Geißelung des Fleisches) die Qual der Schuldgefühle ersetzen, gelingt ihnen die Befreiung von der inneren Folter der Sünde.

Ausgehend von den bisherigen Ausführungen können wir feststellen, dass es viel gesünder ist, von Zeit zu Zeit ein

Büßergewand anzulegen und die *via crucis* zu gehen (mit aneinander geketteten Füßen und sich Peitschenhiebe verabreichend), anstatt sich das ganze Jahr hindurch innerlich mit Schuldgefühlen zu geißeln (wegen irgendeiner Nichtigkeit, die sich der Psychismus zunutze gemacht hat). Das Wichtigste daran ist in jedem Fall, nicht aus den Augen zu verlieren, dass am Anfang dieser ganzen Konstruktion das Bedürfnis steht, Peitschenhiebe zu verabreichen, alles andere kommt danach. Es ist genau dieser Ursprung im Todestrieb, der aus dem Gefühl der Schuld oder der Sünde etwas so Gefährliches macht.

Weniger Schuld als jeder andere

Um das Verhältnis, das wir Homosexuellen zu Schuldgefühlen haben, werden wir häufig beneidet. Oft wird dieser Neid in neue Argumente für Diskriminierungen umgeleitet, man wirft uns dann vor, frivol und oberflächlich zu sein. Aber es handelt sich dabei um puren Neid (und um die allgemeine Lust anzugreifen). Das Gefühl der Schuld oder der Sünde ist häufig ein Morast, der alle Aspekte unseres Lebens zu trüben vermag. Zunächst einmal kann es unser Sexualleben vergiften und unerträglich machen. Aber das genügt noch nicht. Häufig gelingt es den Schuldgefühlen, noch andere Aspekte des Lebens zu verseuchen, besonders in schwierigen Momenten (wie Armut, Krankheit oder Vereinsamung).

Um diese unnötige Tortur zu vermeiden, sollte man möglichst frühzeitig die schleimige Masse durchleuchtet haben, die sich im Unterbewusstsein gutgläubiger Kinder einnistet und sie später aus dem Innern heraus peinigt, wenn sie erwachsen sind. Was die Homosexualität betrifft, unternimmt die Moral unserer Vorfahren ungeheure Anstrengungen, um zu erreichen, dass wir uns allein wegen unserer Existenz als Sünder fühlen. Und gelegentlich gelingt es ihnen. So schaffen es zum Beispiel die Bischöfe und die Rowdys der Schulklasse mit vereinten Kräften viel zu oft, dass sich Jugendliche das Leben nehmen (das wird eine zukünftige freie Welt nicht vergessen, und die Schuldigen werden verurtcilt werden). Scheitern jedoch die Anhänger des Patriarchats mit diesem Unterfangen, in das sie so viel Energie stecken, verlieren sie fast ihre ganze Autorität und schaffen es nicht mehr, den restlichen Kram unterzubringen, den sie vorbereitet hatten.

Das hat sicher nicht zur Folge, dass es uns Homosexuellen an Moral fehlt oder dass wir keine Schuld empfinden, wenn wir sie empfinden sollen, das heißt, wenn unser Verhalten unannehmbar ist. Allerdings sind wir schlau genug, um nicht all die unannehmbaren, atavistischen Rückstände abzukaufen, die sich auf irrationale Weise im Unterbewusstsein derer halten, die sich nie direkt mit ihnen auseinandersetzen mussten.

Es ist gerade die eigene, uns von vornherein aufgezwungene rationale Distanz, die uns einen gewissen Spielraum in der Auswahl lässt. Das ist ganz entscheidend, um zu verhindern, dass unser moralisches Bewusstsein zum Abfalleimer der Vorfahren wird, zu einer Müllhalde, auf der sie Jahrtausende lang so viel Schutt abgeladen haben, dass man nur schwer rationale moralische Forderungen von atavistischen Rückständen unterscheiden kann.

Die rationale Distanz, die uns Homosexuellen in die Wiege gelegt (oder uns aufgezwungen) wurde, macht uns nicht nur freier, sondern auch glücklicher. Sich der ganzen «Hausiererei mit aufgezwungenen devoten Observanzen», wie Kant sie nannte, zu entledigen und die Pflicht (und mit ihr auch den möglichen Bereich der Schuld) auf ein Minimum von Anforderungen zu beschränken, die sich sehr wohl rational begründen lassen, eröffnet ein unendliches Feld, um ungehindert den Körper zu genießen, ohne dass stets eine vergiftete Seele versucht, einem das Spiel zu verderben.

Mündigkeit

Hat man einmal entdeckt, dass die vorgesehenen Gleise nur eine Option (unter vielen anderen möglichen) waren, macht sich ein gesunder Abenteuergeist eiligst auf, das eigene Glück auf unbekannten Pfaden zu suchen. Es lässt sich schwerlich leugnen, dass uns ein größerer Mut auszeichnet als die Heterosexuellen, wenn es um die Organisation des eigenen Lebens geht.

Die Kindheit kann man als die Lebenszeit bezeichnen, in der einem nichts weiter übrig bleibt, als gegenüber den Eltern zu allem «ja» zu sagen. Wenn der Zeitpunkt kommt, sich gegen diese Minderjährigkeit aufzulehnen, dann tut man dies gewöhnlich noch ohne eigenes Kriterium, weshalb die häufigste Strategie darin besteht, zu allem «nein» zu sagen (diese Lebenszeit könnte man als Jugend bezeichnen).

Man ist noch nicht wirklich volljährig, bevor man es nicht schafft, zu bestimmten Dingen «ja» zu sagen und zu anderen «nein», indem man sich nach seinem eigenen Verständnis richtet.

Kant definierte allgemein die *Aufklärung* als den «Ausgang des Menschen aus seiner selbstverschuldeten Unmündigkeit» (das heißt einer Unmündigkeit, die fortbesteht, selbst wenn die Natur dich schon von dieser Abhängigkeit befreit hat). Und darum schlug er als große Devise der Freiheit das Motto vor: «Habe Mut, dich deines eigenen Verstandes zu bedienen, ohne Leitung eines anderen».

Das Problem aber ist, dass unter dem «eigenen Verstand» häufig nur die Ablagerung des Denkens anderer während der Kindheit verstanden wird. Wenn das der Fall ist, schafft es nicht einmal die Jugend mit ihrer Rebellion, den hartnäckigen Wettlauf gegen die Tradition merklich zu behindern, und tut und sagt schließlich Dinge so «wie Vater», «wie Mutter», «wie der Ehemann», «wie die Gattin» usw. (das heißt, am Ende verkörpert sie irgendeinen Vorfahren). Die einzige Möglichkeit, diese neurotische Schleife, in der der Ödipuskomplex besteht, zu unterbrechen, ist natürlich, auf eine rationale und bewusste Art den Prozess in Zaum zu halten, bevor er seinen Höhepunkt erreicht. Wir haben gesehen, dass das nur möglich ist, wenn wir etwas Mühe darauf verwenden, selbständig darüber nachzudenken, was all die Dinge bedeuten, die sich in den Heterosexuellen ganz unbemerkt installieren.

Wir unsererseits können, wenn wir wollen, genauso die «Tunte», die «Lesbe», den «Bär», die «Transe» oder wen auch immer geben. Aber die spielerische Distanz, die wir gegenüber diesen Programmen wahren, hat nichts gemein mit der Unmittelbarkeit und der Unbewusstheit, die die heterosexuelle Welt kennzeichnen. In diesem Sinn ist die Distanz gegenüber den Fertigmodulen (und damit der Spielraum, den der eigene Verstand hat, um mit ihnen nach Belieben zu spielen) bei den Homosexuellen viel größer als bei den restlichen Menschenkindern.

Materielle Unabhängigkeit

Einer der Aspekte, an denen das besonders deutlich wird, ist das Alter, in dem die Homosexuellen selbständig werden. Es ist schwer, zuverlässige Angaben zu erhalten, die, aufgeschlüsselt nach sexueller Neigung, Auskunft darüber geben, in welchem Alter die Jugendlichen sich von ihren Eltern unabhängig machen. Aber es genügt die Feststellung, dass viele Homosexuelle auf besonders prekären Arbeitsplätzen zu finden sind – Stellen der Ausbeutung, mit denen ein Jugendlicher ein erstes Gehalt verdienen und davon ein Zimmer in irgendeiner Stadt mieten kann: Plattformen für Telemarketing, Handel, Hotelketten …, um zu der begründeten Annahme zu gelangen, dass sie das mütterliche Nest viel früher als die Heteros verlassen.

Die Tradition der Aufklärung hat sehr wohl begriffen, dass eine Person erst dann wirklich mündig ist, wenn sie aus eigenen Mitteln den materiellen Lebensunterhalt bestreiten kann. Jemand hat erst dann die ganze Autorität über sich selbst (und ist wirklich unabhängig und Herr seiner selbst – *sui iuris*), wenn er keinem Elternteil die eigene Lebensgrundlage zu verdanken hat.

Die allgemeine Lage ist äußerst kompliziert. Die Verschlechterung, die in den letzten Jahrzehnten auf dem Arbeitsmarkt stattgefunden hat, und die ungeheuer hohen Mietpreise erfordern gewaltige Anstrengungen, um ein eigenständiges Leben führen zu können. Für die Homosexuellen ist das genauso kompliziert wie für die Heteros, und doch ist der Unterschied zwischen ihnen gewaltig.

Es ist keinesfalls eine Seltenheit, dass die Heteros, auf Gleise gesetzt, die schon vor ihrer Geburt gelegt waren, so lange im Haus ihrer Eltern bleiben, bis die Strecke fertig gebaut ist, für die schon die Großeltern (und die Großeltern der Großeltern) ihre Elternhäuser verließen: eine feste Beziehung, eine Hypothek, geplante Kinder ... Und da der heutige darniederliegende Arbeitsmarkt kaum etwas für Hypotheken übrig hat (und noch viel weniger für Kinder), haben wir es mit diesem ganz besonderen Typ von Unmündigkeit zu tun, der sich gelegentlich ewig hinzieht.

Mit den Homosexuellen geschieht im Allgemeinen genau das Gegenteil. Nachdem wir die Möglichkeit ausgeschlossen haben, dass wir uns auf denselben Gleisen eigenständig machen werden wie unsere Großeltern (und die Großeltern unserer Großeltern), machen wir uns so bald wie möglich daran, unser eigenes Gleis zu bauen. Jedwede prekäre Arbeit ist uns lieber als nicht unabhängig – *sui iuris* – zu sein, und jedes Loch scheint uns eine Bleibe, die ausreicht, um glücklich zu sein. Wir alle können uns vorstellen, in einem riesigen Penthouse an der Gran Vía zu wohnen. Aber wir

sehen uns – so wie man sich ehrlich sieht – viel mehr in kleinen Zimmern in Wohngemeinschaften. Wie auch immer,
jedes Kabuff, aber im Zentrum – das ja – einer Großstadt,
reicht aus, um sagen zu können «my house, my music, my
rules».

4

Verkünder einer besseren Welt

Im vorangegangenen Kapitel habe ich mich vor allem auf die Vorteile und den Nutzen konzentriert, die die Homosexualität für uns als Personen mit sich bringt. In diesem Kapitel vertrete ich die Überzeugung, dass der Charakter, die Identität und das Verständnis von Gemeinschaft, die uns homosexuelle Personen (und allgemein Personen diverser Sexualität) kennzeichnen, Regeln liefern, die es uns ermöglichen, aus der Welt einen etwas besseren Ort zu machen.

Die familiären Gewohnheiten aufmischen

Die ersten Auswirkungen (wenn auch nicht die intensivsten) sind im Innern der Familien zu bemerken. Die Mündigkeit und das Eigenständigwerden in einem angemessenen Alter sorgen dafür, dass die Beziehungen zwischen Eltern und Kindern gesünder werden. Sicher gibt es Ausnahmen: Manche Eltern verstoßen ihre Kinder sogar. Andere hingegen haben das Gefühl, dass ihre Kinder durch gesellschaftliche Diskriminierung zu sehr geschwächt sind, und schaffen so Beziehungen der Abhängigkeit, die krankhaft werden können. Aber im Allgemeinen wird zu den Eltern eher ein gesundes Verhältnis unter Erwachsenen erlangt.

Tatsächlich hilft die Homosexualität dabei, die familiären Beziehungen zu verbessern. Wenn dein Partner das gleiche Geschlecht hat wie du, ist es viel unwahrscheinlicher, dass sich so ohne weiteres althergebrachte Gewohnheiten einschleichen, die die familiären Beziehungen seit Menschengedenken bestimmen. Es wird gewissermaßen möglich, von einer Art Nullpunkt aus zu beginnen. Wenn du deinen Partner vorstellst, müssen sich alle bewusst bemühen, ihm einen Platz zuzuweisen. Es genügt nicht, das Programm «Schwiegermutter», «Schwiegersohn», «Schwiegertochter», «Schwager» zu aktivieren, das jeder schon vorinstalliert hat.

Die Eltern der Heterosexuellen wissen gewöhnlich im Voraus (sogar lange bevor die Kinder ihre Partner kennenlernen), dass die künftigen Ehemänner ihrer Töchter Schlaumeier sind, die alles besser wissen, und die künftigen Ehefrauen ihrer Söhne Flittchen, die sie der Mutter wegnehmen. Wenn du schwul oder lesbisch bist, ist es nicht so einfach zu wissen, wonach du dich richten sollst, das heißt, bevor die Dinge konkret geschehen und du sie im Einzelnen beurteilen kannst. Anders als im Fall der Schwiegertöchter und Schwiegersöhne, ist es für die Eltern, wenn du schwul oder lesbisch bist, sehr schwierig einzuschätzen, ob dein Partner gut oder dubios ist, bevor sie ihn kennenlernen. Niemand wird leugnen, dass dieser kleine Knüppel im Getriebe der Gewohnheiten, dieses kleine Hindernis, dabei hilft, uns alle ein wenig gerechter zu machen, indem es uns dazu zwingt, eine bestimmte Person erst einmal kennenzulernen, bevor man sich ein komplettes Urteil über sie bildet.

Freiheit für das Dorf

Genauso wichtig ist die Homosexualität, um auf dem Weg der Freiheit und der Gerechtigkeit in ländlichen Gegenden Fortschritte zu machen. Es ist allgemein bekannt, dass die Existenz eines «Sonderbaren» (auch wenn es nur einer ist) alle freier macht. In den entlegensten, von der Außenwelt abgeschnittenen ländlichen Gegenden war immer etwas Heldentum notwendig, um ein wenig anders sein oder frei handeln zu können.

Das ist etwas, worunter die Frauen seit Menschengedenken gelitten haben. Die Ehefrau, die beschloss, sich scheiden zu lassen; die Frau, die es wagte, in einem Männerberuf zu arbeiten; das junge Mädchen, das beschloss, die Ketten des Klatsches zu sprengen und ein ungezwungenes Sexualleben zu genießen; die Frau, die Liebesaffären hatte, genau wie ihr Mann; die Frau, die einen jüngeren Mann heiratete; die Frau, die den Gasmann in ihre Wohnung ließ ... Die Frauen brauchten nur minimal von der Regel abzuweichen, um die ganze Last des Stigmas zu spüren zu bekommen.

Selbst wenn wir Fälle wie die gerade erwähnten in abgelegenen Dörfern kennen, können wir uns nicht vorstellen, was zum Beispiel mit einer älteren Frau geschehen wäre, die jeden Tag ein bisschen Geld zusammengespart hätte, um mit derselben Regelmäßigkeit und Häufigkeit die Dienste eines Strichjungen in Anspruch zu nehmen, mit der ihr Ehemann ins Bumslokal ging. Wenn es solche Fälle gegeben hat, dann sollten wir diesen Frauen ein Denkmal errichten. Aber es fällt uns schwerer, uns eine solche Frau vorzustellen als den Ehemann, der seine Frau misshandelt, weil sie so etwas getan hat.

Dazu ist noch zu bemerken, dass am Zustandekommen des Stigmas der Frauen, die minimal von der Norm abwichen, in den meisten Fällen die übrigen Frauen des Dorfes aktiv beteiligt waren. So wie der Druck des Verdachts in totalitären Regimen funktioniert (unter dem Stalinismus, zum Beispiel, entkam nur derjenige der Anklage, Trotzkist zu sein, der seine Nachbarn dieser Anhängerschaft anklagte), mussten die «guten Frauen und Gattinnen» besonders grausam gegen die «vom Weg Abgewichenen» hetzen, um deutlich zu machen, dass sie selber keine Huren waren. Selbstverständlich konnte dieses Schreckensregime fast immer auf die Kollaboration der Kirche zählen.

Dagegen genügte eine einzige freie Frau in einem Dorf, um das ganze Tal oder die gesamte Gegend von der Nachricht dieser Freiheit in Kenntnis zu setzen. Selbst wenn alle Kontroll- und Unterwerfungsmechanismen aktiviert wurden, konnte das die Wirklichkeit nicht daran hindern, weiter zu existieren, und die Welt ging davon auch nicht unter. Auch wenn es wenige solcher Heldinnen gab, reichte ihre Existenz doch aus, um zu beweisen, dass andere Lebensweisen möglich waren. Den Beweis dafür lieferten sie mit ihrem eigenen Leben. Dieses Wagnis einiger weniger Frauen reichte aus, um alle anderen Frauen freier zu machen. Die erste Frau, die sich scheiden ließ, oder das erste Mädchen, das beschloss, ein entspanntes Sexualleben zu haben, musste sich den Weg durch einen Urwald voller Gestrüpp bahnen, aus eigener Kraft und ohne fremde Hilfe. Doch nachdem dieser Weg einmal gegangen war, stand er allen Frauen offen. Ob sie ihn gehen wollten oder nicht, das musste jede selber entscheiden, aber den Weg geöffnet vor Augen zu haben, vergrößerte, erweiterte und bereicherte die Welt aller Frauen.

In genau diesem Sinn ist die Existenz von Homosexuellen in den ländlichen Gegenden ein frischer Wind, ein Mittel, diese menschlichen Erdklumpen, denen die Dörfer oft gleichen, zu durchlüften. Etwas, das den engen traditionellen Beziehungen hinreichend fremd ist, um so den Blick der Landbevölkerung zu öffnen, zu erweitern und immens zu bereichern. Und es ist nicht zwingend notwendig, die einmal geöffneten Wege zu gehen, damit alle freier werden. Wenn es mehr offene, erkundete und sichtbare Wege gibt, haben es sogar diejenigen, die unveränderlich dem Pfad der Vorfahren folgen, leichter, ihn als eine Option zu gehen und nicht als zwingende Spur. Die Rechnung für diese, nennen wir sie mal so, «Infrastrukturen der Freiheit» zahlen ganz und gar wir, aber nutzbringend sind sie für alle. Irgendwann wird man unseren heldenhaften Beitrag zur Freiheit der Dörfer anerkennen.

Gemäßigte Identitäten

Unter den positiven Auswirkungen für die Gesellschaft, die die Homosexualität mit sich bringt, ist ihre Fähigkeit hervorzuheben, die Identitäten zu mäßigen. Nicht nur unsere eigenen homosexuellen Identitäten sind recht gemäßigt, sondern im Allgemeinen üben wir auch eine besänftigende

Wirkung auf jedes andere System von Identitäten aus, mit dem wir zusammenleben.

Es besteht weitestgehend Einigkeit darüber, dass wir Homosexuellen toleranter sind als der Durchschnitt gegenüber all den Unterschieden, die eine Gesellschaft beherbergen kann: Unterschiede in Ethnien, Religion, Kultur usw. Im Allgemeinen wird das dahin gehend interpretiert, dass wir, selber Gegenstand aller Arten von Diskriminierung, uns leichter in die Situation jeder anderen Minorität hineinversetzen, die Opfer einer Repression werden kann. Das ist zweifellos richtig und erklärt einen wichtigen Teil, aber längst nicht alles. Träfe das zu, müsste sich das gleiche Phänomen bei allen unterdrückten Minderheiten zeigen, und das ist nicht immer der Fall: Es gibt zum Beispiel religiöse Minderheiten, die diskriminiert werden und deswegen nicht weniger homophob sind.

Ein wichtiger Teil der Erklärung ist weniger der Umstand, dass wir eine unterdrückte Identität sind (und deshalb alle Identitäten achten, die sich in derselben Lage befinden), als vielmehr die Feststellung, dass wir es mit den Identitäten nicht allzu ernst nehmen, nicht einmal mit unserer eigenen. Uns war schon immer bewusst, dass das Ganze etwas von einem Spiel, einer Geschichte und einer Farce hat.

Etwas anderes ist es, wenn sich eine Identität zum Beispiel um religiöse Fragen herum konstruiert. Den religiösen Identitäten kann es so ergehen (und häufig ergeht es ihnen so) wie den Heterosexuellen: Die Identität installiert sich von allein, spontan, unmittelbar und ohne jede rationale Kontrolle. So kann jemand in einer religiösen Familie aufwachsen, in einer religiösen Schule erzogen werden und nie einen Atemzug außerhalb dieser abgeschotteten Welt machen, bis alle Gleise gelegt und alle Rezepte installiert sind (die jede Einzelheit des Lebens betreffen, ohne dass das Subjekt den geringsten Handlungsspielraum hat).[20]

Im Gegensatz zur Heterosexualität oder den religiösen Identitäten hat sich die unsrige nicht heimlich installiert. Darum wissen wir, dass Identitäten immer etwas Künstliches haben; sie sind für vieles nützlich, aber tyrannisch, wenn man sie nicht kontrolliert. Deshalb hassen wir niemanden für seine Identität, und schon gar nicht diejenigen, die unser logisches Gegenteil in diesem Waben-Spiel sind: die Heterosexuellen. Weit davon entfernt, sie zu hassen, betrachten wir sie mit einer gewissen Rührung, wenn sie ihr Etikett allzu ernst nehmen; wir benutzen sogar das Etikettensystem, um uns zu vergnügen, mit ihren Reizen zu spielen und eine besondere Zuneigung für sie zu empfinden. Wir sind uns immer bewusst, dass diese Etiketten, wenn man ihnen ihre despotische Macht nimmt, eine spielerische und unterhaltsame Seite haben.

In der Geschichte hat es Kriege zwischen einzelnen Stämmen, Religionskriege, Kriege zwischen Nationen gegeben ... praktisch jeder vorstellbare Unterschied zwischen Menschen war ausreichend, um einen blutigen Krieg auszulösen. Aber mit der Homosexualität ist das nicht geschehen und könnte es auch nicht geschehen. Wir wurden verfolgt, beschimpft, inhaftiert, bedroht, verspottet, verurteilt, angegriffen und sogar in Konzentrationslager gesperrt. Aber es ist uns nie eingefallen, Heterosexuelle aus Rache zu ermorden. Hätte es einen Sinn gehabt, das zu tun? Jeder Heterosexuelle, der dieses Buch liest, wird das intuitiv verneinen: Welche Schuld hat er an dem, was andere Heterosexuelle im Namen der männlichen Reinheit getan haben? Und vielleicht hat er Recht (und wenn er das Verlangen gehabt hat, dieses Buch zu lesen, ist es tatsächlich ziemlich wahrscheinlich, dass er überhaupt keine Schuld an etwas hat).

Aber man wird auch eingestehen, dass es nicht immer so einfach ist, mit dieser Klarheit auf Angriffe zu reagieren. Wenn irgendein Kollektiv attackiert wird, ist es nur eine Frage der Zeit, bis Extremisten (das sind Fanatiker der angegriffenen Identität) in Erscheinung treten, die bereit sind, ihr Leben zu geben und das aller «Angreifer» auszulöschen. Allerdings beschränkt sich das mit den «Angreifern» selten auf die einzelnen und konkreten Personen, die den Angriff durchgeführt haben, nicht einmal auf die, die den Befehl dazu gaben, oder auf die unmittelbar verantwortlichen Politiker. Im Allgemeinen erstreckt sich der Hass auf alle, die wie die Angreifer sind, ohne dass überhaupt die entscheidende Frage sichtbar (das heißt explizit) wird: Wie setzt sich dieses «Alle» zusammen? Wen schließt es ein? Die «Deutschen», die «Arier», die «Nazis», die «Abendländer», die «Muslime»? Wenn unsere Regierungen ganze Regionen der Erde destabilisieren, um sich ihre Ressourcen anzueignen, fehlt es folglich nie an Fanatikern, die bereit sind zu «antworten». Und sie antworten, indem sie Anschläge auf Städte verüben, in denen schließlich auch tausende Muslime leben. Wenn diese Attentate (begangen von Kriminellen, die in vielen Fällen nicht einmal besonders religiös sind) unsere

Städte treffen, wird seinerseits Europa von einer Welle der Islamophobie erfasst. Ein Schrei nach Rache gegen «sie alle» breitet sich aus und verdeckt erneut die Tatsache, dass dieses «Sie» ein Sammelsurium ist, das sowohl die Fanatiker als auch die Menschenrechtsaktivisten der arabischen Welt beinhaltet.

Wir jedenfalls hassen weniger und hassen besser. Uns entgeht nicht, wie viel Verantwortung die «Männlichkeit» und die «Heterosexualität» für unsere Verfolgung tragen. Aber gerade deshalb wollen wir die Heterosexuellen konkret (als Einzelpersonen) von den Dingen befreien, die sie zwingen, sich mit ihren Kästchen zu identifizieren. Man muss recht vernünftig und großherzig sein, um zu verstehen, dass das Problem weniger in den Heterosexuellen als in der Heterosexualität begründet liegt, also in diesem ganzen wackligen Konstrukt aus Haltungen, Gewohnheiten und Mutmaßungen, die alle zusammen das besagte Kästchen bilden. In gewisser Weise sind die Heterosexuellen ebenfalls Opfer, und mit Sensibilität, Zuwendung und Therapien kann man sie zur Vernunft bringen. Man kann ihnen dabei helfen, selber eine Art rationale Kontrolle über ihre eigenen Gewohnheiten zu erlangen.

Andererseits sind wir auch nicht so einfältig, dass wir alles verzeihen und die andere Wange hinhalten. Den unmittelbaren Aggressoren und Verantwortlichen gewähren wir weder Vergessen noch Verzeihung. Wenn jemand – und sei es ein gebrechlicher Greis mit Anzeichen von Demenz – beschließt, einen Kreuzzug gegen das «Schwulenimperium» und die «Genderideologie» zu unternehmen, wird er es mit uns als Gemeinschaft zu tun bekommen; aber mit einer zivilisierten, rationalen und aufgeklärten Gemeinschaft: Wenn die Angriffe vom Bischof Cañizares kommen, werden die Angriffe an den Bischof Cañizares zurückgegeben. Sie werden nicht auf alle Katholiken ausgeweitet. Nicht einmal auf alle, die für die Katholische Kirche arbeiten, auch nicht auf alle Priester, nicht einmal auf die obersten Würdenträger der Kirche. Und wenn der Papst fordert, dass die Verfolgung und der Druck auf die Homosexuellen ein Ende haben müssen («Wenn eine Person schwul ist und guten Willens, wer bin ich, sie zu richten?»), erkennen wir als LGTBI-Community dies an und begrüßen es, auch wenn seine Untergebenen ihn ignorieren.

Es ist äußerst wichtig, darauf hinzuweisen, dass wir es hier mit etwas sehr Ungewöhnlichem zu tun haben: Die LGTBI-Community ist eine Gemeinschaft, die in ihren Reaktionen überlegt vorgeht, indem sie das Prinzip der individuellen Schuldfähigkeit respektiert: Jemand ist für das verantwortlich, was er als Individuum tut (nicht für das, was seine Verwandten, seine Landsleute oder seine Gesinnungsgenossen tun). Mit anderen Worten, die Gemeinschaft urteilt und handelt, indem sie spontan die grundlegenden juristischen Garantien und die Idee des Rechts respektiert.

Wenn alle Welt so urteilte, würden weder Kriege zwischen Nationen noch Religionskriege ausbrechen. Wenn ein Deutscher einen Franzosen tötet, schreien gewöhnlich alle Franzosen kochend vor Wut nach Rache an allen Deutschen. Wenn ein Katholik einen Muslim tötet (oder umgekehrt), kann es passieren, dass in einem Ausbruch kriegerischen Eifers versucht wird, «den Anderen» eine Strafe zu erteilen. Wenn die Völker, die Nationen, die Religionen und allgemein die Gemeinschaften wie die LGTBI-Community urteilten und dächten, indem sie das Prinzip der Individualverantwortung respektierten, dann würde alle Welt, wenn ein Deutscher einen Franzosen oder ein Muslim einen Katholiken tötete, einstimmig nach einem Strafverfahren verlangen (natürlich mit Garantien, damit nicht etwa eine unschuldige Person verurteilt würde). Das ist eine großherzige und weitsichtige Haltung. Jedem dürfte klar sein, dass die Welt besser funktionieren würde, wenn wir alle das Kästchen unserer eigenen Identität mit weniger Feierlichkeit und weniger Strenge betrachteten.

Von innen gesehen sind die Identitäten etwas sehr Ernstes. Sie erscheinen als etwas, wofür es sich sogar lohnt, das Leben derjenigen auszulöschen, die eine andere Identität haben. Von außen gesehen haben die Identitäten immer etwas von einer Farce, von einem Spiel. Und es ist sehr wichtig, folgende Tatsache nicht zu banalisieren: Eine solche Haltung ist der einzig mögliche Keim für eine universelle kosmopolitische Republik im Friedenszustand.

Totalitarismus und Homophobie

Die totalitären Systeme haben immer geahnt (zumindest vage und diffus), dass die Homosexualität ihr natürlicher Feind ist. Die gegenwärtigen Theokratien bilden da keine Ausnahme. In dieser Hinsicht gibt es keinen großen Unterschied zwischen den Freundinnen und den Feindinnen des

Königreichs Spanien (was natürlich das Königreich Spanien nicht gerade ehrt): Sowohl in Saudi-Arabien als auch in Iran wird Homosexualität weiterhin mit der Todesstrafe geahndet.

Auch die totalitären Regime des 20. Jahrhunderts machten in diesem Punkt keine großen Unterschiede. Spanien war (im Vergleich zu anderen Ländern) verhältnismäßig tolerant gegenüber der Homosexualität. Darauf können wir durchaus stolz sein. Wir sind heute wahrscheinlich nicht nur das Land, das sich gegenüber der Homosexualität am tolerantesten verhält (anscheinend tun andere es viel weniger), sondern wir gehören auch zu den Ländern, die sie im Laufe ihrer Geschichte am wenigsten strafrechtlich verfolgt haben. Wenn auch mit Unterbrechungen, fand die «Sodomie» seit dem ersten Drittel des 19. Jahrhunderts keinen Eingang ins Strafgesetzbuch. So lange, bis im Zuge des katholischen und nationalen Aufstands Federico García Lorca als «Roter und Schwuler» getötet wurde und man uns danach alle als Vagabunden und Gauner verfolgte.

Auch Stalin unterdrückte beharrlich die Homosexualität. Dabei ist zu berücksichtigen, dass die Homosexualität mit der Oktoberrevolution 1917 in Russland legalisiert worden war. De facto war die Legalisierung der Homosexualität eine der ersten Maßnahmen, die die revolutionäre Regierung beschloss: Die individuelle Freiheit, die natürlich die sexuelle einschloss, sollte garantiert sein, solange sie nicht gegen die Freiheit anderer Personen verstieß. Doch mit Stalins Machtantritt änderte sich alles. Die Homosexualität wurde fortan als «konterrevolutionär» und als ein Laster der bürgerlichen Dekadenz betrachtet. Dieses Laster schwebte als Verdacht über jedem gefährlichen Intellektuellen. Jeder Intellektuelle wusste, dass die Geheimdienste jeden Mann mit homosexuellen Praktiken anklagen konnten, egal ob das der Wahrheit entsprach oder nicht, um so sein Leben zu zerstören.

Der Nationalsozialismus stand dem natürlich in nichts nach. Alles Persönliche wurde der Reproduktion der Rasse und der Ausdehnung des Reichs unterstellt. Unter diesen Bedingungen war das Ausleben unserer Lust früher oder später dazu verdammt, in den Konzentrationslagern zu enden. Die Homosexualität war weder für das deutsche Volk noch für den Kampf gegen «unreines Blut» von Nutzen. Außerdem sei sie ein gefährliches Laster, weil sie andere anstecken und sich ausbreiten könnte. Folglich sei sie «entartet» und die Homosexuellen «Volksfeinde». Wenn alles Kampf, Volk, Rasse und Reich ist, dann sind die Heiterkeit, die Liebe, die Zärtlichkeit, das Lachen oder das Glück des einzelnen Menschen überflüssig und im Grunde gefährlich. Deutschland erlitt in den dreißiger Jahren einen völligen moralischen Zusammenbruch. Und doch darf man nie vergessen, dass es fähig war, kleine Widerstandsherde aufrechtzuerhalten. Sebastian Haffner erinnert uns in seinem Buch *Geschichte eines Deutschen* daran, wie die obersten Richter dem Druck der Partei nachgegeben hatten, wie die erlauchtesten Institutionen sich demütig den Launen des «Führers» beugten und die ehrwürdigen Gerichte Preußens wie Mäuschen zitterten, ohne den geringsten Widerstand zu leisten. In den Cabarets hingegen, in den Spelunken voller Schwuler, Nutten, Stricher und Transvestiten hielt sich die Würde mit Hilfe des Lachens. Es war der einzige noch mögliche Widerstand, und nur dort bot man dem Regime die Stirn; nur dort, mit spitzer Zunge als einziger Waffe (um zu verletzen und zu huren), war es möglich, bissige Attacken gegen den Terror zu hören, gegen die Massenverhaftungen, gegen die Hausrazzien oder gegen die Konzentrationslager.

In allen totalitären Regimen ist der ausdrückliche Hass gegen die Homosexuellen immer auf die eine oder andere Weise mit der Forderung gerechtfertigt worden, den Sex auf die Fortpflanzung zu beschränken, das heißt, mit der Forderung, nur wie Tiere zu vögeln, sei es, weil Gott es so will, sei es, weil das Vaterland oder die Weltrevolution es so verlangen. Sie wollen, dass wir uns wie Tiere lieben, weil das einem höheren Ziel diene. Alles, was nicht im Dienst irgendeines transzendenten Ziels steht, was nicht für etwas von Nutzen und somit völlig frei ist, müsse ausgelöscht werden.

Doch die Furcht vor der Homosexualität reicht viel weiter. Oft wissen nicht einmal die Tyrannen, weshalb, aber ihre Ablehnung beschränkt sich nicht darauf, dass unsere Wollust keiner höheren Sache förderlich ist. Die Homosexualität hat sie schon immer in einem tieferen Sinne beunruhigt, den sie nur vage erahnten. Fast nie waren sie in der Lage, zu verstehen oder zu erklären, wie und warum genau die Herausforderung der sexuellen Orthodoxie die Stabilität ihrer Welt gefährden sollte. Aber die Ahnung veranlasste sie, es zumindest als ein Alarmsignal zu sehen: Solange die traditionelle Sexualmoral sich bester Gesundheit erfreute, war alles in Ordnung. Auf dieser diffusen, intuitiven Grundlage haben die totalitären Systeme alles unternommen, um die Einhaltung der traditionellen Sexualität sicherzustellen und zu kontrollieren (einer Sexualität, die Frauen vergewaltigen oder Kinder missbrauchen darf, solange niemand davon erfährt, immer unter der Bedingung, dass die Damen – die Schwester, die Mutter, die Ehefrau – verschont bleiben von dem, was die Männer mit den Frauen machen, die in ihren Augen nichts weiter als Huren sind).

Der wahre Grund ist, wie wir gesehen haben, der substantiell gemäßigte Charakter der homosexuellen Identität. Unsere natürliche Schwierigkeit, Vaterländer oder Religionen ganz und gar ernst zu nehmen (unter anderen Identitäten, denn wir nehmen auch unsere Identität als Homosexuelle nie völlig ernst), hat zur Folge, dass wir immer eine Bedrohung, ein offener Spalt, ein Riss sind in jedweder Ordnung, die danach strebt, vollständig, vollkommen und hermetisch abgeschlossen zu sein.

Auch ist zu berücksichtigen, dass unsere legendäre Promiskuität uns zu einer permanenten Suche nach Sex mit den unterschiedlichsten Leuten treibt. Diese sexuelle Offenheit gegenüber der Welt entwickelt eine Kraft, die alle Arten von Grenzen zu überwinden vermag: Es genügt, dass wir einige Schwarze sehen, um allen Rassismus, den wir in uns tragen mochten, zu deaktivieren. Und das Gleiche passiert in uns mit Franzosen, Deutschen, Muslimen, Katholiken, mit Leuten linker und rechter Gesinnung, mit Menschen unseres oder irgendeines anderen Kontinents (und sogar im Fall einer außerirdischen Invasion; wir würden schon den Weg finden, um die entsprechenden Reize zu aktivieren).

Diese sexuelle Annäherung ist zweifellos einer der besten Wege, alle Grenzen zu überwinden (was übrigens der Literatur stets bewusst war).

Wir werden immer ein wenig außerhalb aller Grenzen stehen oder, besser gesagt, voller Freude zwischen ihnen hin und her springen wollen. Folglich werden wir eine Bedrohung für jedes System sein, das das Bedürfnis hat, sich ohne «Umgebung» zu konstruieren. Eine ansteckende Bedrohung; so ansteckend wie der sehnliche Wunsch nach Würde.

Sex, Eros und Zivilisation

In der Geschichte der politischen Philosophie wurde diese Frage immer wieder aufgeworfen: Wie kann man die Einheit eines gesellschaftlichen Körpers erreichen, ohne dass dies zulasten der Vielfalt geht; wie kann man eine Gemeinschaft bauen, die unter Bewahrung ihres verbindenden Charakters als Gemeinschaft gleichzeitig eine Gemeinschaft freier und unabhängiger Personen ist?

Die folgende Anomalie der LGTBIQ-Community macht uns zu einer noch nie dagewesenen Gemeinschaft, die als Modell dienen kann für die Errichtung eines dauerhaften Friedens (und der kein Friedhofsfrieden ist, ganz und gar nicht): Unsere Gemeinschaft ist dergestalt, dass wir unsere Identität weder für so unerheblich halten, dass wir in Lumpen durch die Welt gehen, noch sie so ernst nehmen, dass sie zu einem Korsett wird, das uns erdrückt. Dieses Gleichgewicht zwischen Ernst und Spiel (die keineswegs gegensätzliche Elemente sind) erleichtert es uns, etwas zu erlangen, das ganz selbstverständlich erscheinen mag, aber leider ziemlich außergewöhnlich ist: zu argumentieren, indem wir das Prinzip der Individualverantwortung respektieren, das heißt, einen anderen nur für das angreifen, wofür er verantwortlich ist (ohne jemanden automatisch zum Bürgen für seine Familie, seine Landsleute oder seine Gesinnungsgenossen zu machen). Dieses Prinzip der Individualverantwortung, das über dem Clan, dem Vaterland oder der Familie steht, ist die Grundvoraussetzung für die Errichtung einer zivilen Ordnung und die Vermeidung eines permanenten Krieges zwischen Stämmen oder Völkern.

Doch dieses Prinzip reicht noch nicht aus. Jede Gemeinschaft, die als ein ziviler Staat anerkannt werden will, muss herausfinden, nach welchen Kriterien sie sich als Gemeinschaft konstruieren will. Diese Konstruktion einer Gemeinschaft (die mehr ist als der bloße Zusammenschluss von Individuen, die untereinander konkurrieren oder Krieg führen) erfordert die Entfaltung emotionaler Bindungen zwischen den einzelnen Personen. Es ist ein klassisches Problem der politischen Philosophie: Jede Gemeinschaft benötigt zu ihrer Konstituierung etwas alle Verbindendes, das die Individuen zusammenzuhalten vermag. Diese Aufgabe haben traditionell die Religion, die gemeinsame Kultur oder das Nationalgefühl übernommen. Und das Ergebnis dieses Geschäfts mit Identitäten, die sich selbst so ernst nehmen wie Rasse, Religion oder Nation, kennen wir ja. Wenn sich die Identitäten mit einer Unbedingtheit derart ernst nehmen, dass für sie gestorben oder getötet wird, sind die Folgen katastrophal: Wenn man mit zu großer Strenge festlegt, «wer wir sind» (und was uns kennzeichnet), dann wird auch deutlich, «wer nicht zu den Unseren gehört», und genau das liefert den notwendigen Bodensatz für Rassismus, Fremdenfeindlichkeit und viele andere Phobien gegen alles, was anders ist. Unter diesen Bedingungen steht der Krieg immer kurz vor dem Ausbruch (tatsächlich kann man den Frieden als eine bloße Unterbrechung zwischen zwei Kriegssituationen betrachten).

Andererseits wäre eine Gesellschaft, die durch keinerlei emotionale Bindungen zusammengehalten wird, keine Gesellschaft, sondern einfach ein Markt. Sicher gibt es radikale Köpfe, die vorschlagen, alle sozialen und menschlichen Bindungen durch vertragliche marktwirtschaftliche Beziehungen zu ersetzen. Aber das ist eine absonderliche Utopie, die nicht funktionieren kann. Und sollte sie doch funktionieren, würde sie eine haarsträubende Welt hervorbringen. Die Welt, so wie wir sie kennen, ist nicht denkbar ohne eine gewisse Verpflichtung, uns umeinander zu kümmern: nicht nur unter Eltern und Kindern, unter Verwandten oder unter Freunden, sondern auch ein wenig unter einander Unbekannten. Fehlte uns jede emotionale Bindung zu unseren Mitbürgern (auch zu denen, deren Alter, Ethnie, Geschlecht, Religion, Ideologie und anderes mehr wir nicht teilen), hätte die Idee eines Staates, der allen gleichermaßen seine Dienste zusichert, keinen Sinn. Denn die Idee des Wohlfahrtsstaates setzt voraus, dass wir alle darüber empört sind, wenn ein Mitbürger kein warmes Dach über dem Kopf hat, und wir deshalb bereit sind, gemeinsam nach einer Lösung zu suchen, damit das nicht mehr passiert (indem wir zum Beispiel die Ausgaben unter allen aufteilen, nach den Möglichkeiten eines jeden, wie es Freunde tun).

Freud erklärt, wie die affektiven Beziehungen zwischen Eltern und Kindern, die Freundschaftsgefühle und auch die emotionalen Bindungen, die in der Ehe entstehen, auf unterschiedliche Weise die Urmasse des Begehrens gestalten, die wir als «hitzigen ursprünglichen Strom» bezeichnet haben (und die Freud allgemein «Libido» nennt). Nun verschmelzen aber nicht nur die Freundschaft oder die engsten familiären Beziehungen in diesen (sublimierten oder nicht sublimierten) «libidinösen Bindungen». Jede Gemeinschaft oder jede Ordnung der Zivilisation gründet auf genau diesen sozialen Instinkten, die fähig sind, auf konstruktive (statt auf destruktive) Weise diese formlose Masse möglicher Begehren zu gestalten, über die wir uns untereinander verbinden können.

Der gesamte Ansatz eines Autors wie Herbert Marcuse, zum Beispiel in *Triebstruktur und Gesellschaft*, bezieht sich auf den Versuch, diese affektiven Bande oder diese «libidinösen Bindungen» in einem immer weiter reichenden, freieren und universelleren Umfang zu konstruieren. In diesem Zusammenhang hebt Marcuse die Homosexualität als ein entscheidendes Element hervor, wenn es darum geht, mit der Form zu brechen, in der diese «libidinösen Bindungen» sich bisher gebildet haben (mit dem allseits bekannten Resultat, auf das wir als Spezies nicht besonders stolz sein können).

Die entscheidende Frage diesbezüglich ist: Um wen soll ich mich kümmern und um wen nicht? Wie wird diese

Grenze gekennzeichnet? Wer sind «die Meinen», «die, die wie ich sind» (und deshalb meine Unterstützung und meine Fürsorge verdienen)?

«Die, die wie ich sind» ist eine Idee, die nur biologisch einen Sinn hat (in Verbindung mit dem Blut oder dem Erbgut) im Fall der Eltern und der Kinder (sie sind wie ich, weil sie meine Gene haben). Aber die Gemeinschaften mit affektiven Bindungen beschränken sich nicht darauf: Den «Kindern desselben Vaterlands» (egal welchen) kann das Schicksal eines Landsmanns einfach nicht gleichgültig sein; die Muslimbrüder kümmern sich stets um ihre «Brüder».

Hier sind zwei Dinge herauszustellen: Erstens, dass diese affektiven Bindungen, genau wie die freundschaftlichen oder familiären Bande, konstruiert werden, indem der ursprünglichen Triebladung (die dies oder jenes hasst oder liebt und aufbauen oder zerstören will, je nach der ihr verliehenen Form) Gestalt gegeben wird – dieser ursprünglichen Triebladung, die Freud im Allgemeinen als «Libido» bezeichnet (und davon ausgehend die Mechanismen studiert, über die sie sich sublimiert, projiziert oder verschiebt, um nach und nach zu einer bestimmten sexuellen und affektiven Konstitution zu führen). Zweitens ist herauszustellen, dass die Formen «Muslimbrüder» oder «Kinder desselben Vaterlands» (als affektive Konstitution einer Gemeinschaft zur Bindung ihrer Mitglieder) extreme Nachteile bergen, darunter den, dass Thanatos sämtliche Arbeit erspart und Tür und Tor geöffnet wird: Wenn Eros mit den «Kindern desselben Vaterlands» oder den «Muslimbrüdern» streng und hermetisch seine Grenzen schließt (indem er eine Mauer errichtet), hat Thanatos freie Bahn, um zu versuchen, die Kinder des benachbarten Vaterlands oder die, die nicht der besagten Bruderschaft angehören, zu vernichten.

Bleibt nur die Hoffnung, es möge gelingen, dass Eros die Mauern niederreißt, die Grenzen verfallen lässt, die Stacheldrähte überwindet und gegenseitige affektive Bindungen schafft zwischen Elementen aller Welten (aller Länder, Religionen, Ethnien, Kulturen …). So könnte ein Weg gefunden werden, wie Thanatos mit Hilfe von Spiel und Fantasie befriedigt werden kann, ohne verheerende Folgen für die reale Welt.

Der Ort irgendeines anderen

Wir Homosexuellen setzen uns mit einer anderen Haltung auseinander, zum Beispiel gegenüber den Immigranten, und wir tun es aus einem so einfachen wie realen Grund: Es fällt uns nicht schwer, uns vorzustellen, mit Menschen aus einem x-beliebigen Land unsere Lust auszuleben; diese intimen Kontakte – selbst wenn sie nur in der Vorstellung existieren – verbinden. Sich der Welt über einen sexuellen Weg zu öffnen, verschafft einem einen bevorzugten Zugang zum «ursprünglichen Strom» und ermöglicht es, die üblichen Barrieren zu überwinden, die Stacheldrähte zu zerschneiden, die Schwarze von Weißen oder Muslime von Christen trennen.

Diese, sagen wir mal, «sexuelle Öffnung gegenüber der Welt» entwickelt andere Kriterien und Grenzen in Bezug auf Gewicht, Alter usw. Aber es handelt sich immer um

Grenzen, die viel diffuser sind und in keinem Fall ausreichen, um reale Mauern zu errichten wie die, die die Völker trennen. Das Alter ist keine Wesenhaftigkeit, sondern ein Weg, den wir alle gleichermaßen beschreiten; das Gewicht ist eine Frage des Grades, und jeder weiß, dass jede Statur ihre Reize hat (und verschiedene Reize unterscheiden sich nicht substantiell, sondern nur nach der unterschiedlichen Zahl ihrer Liebhaber). Zudem lösen sich fixierte Wesenhaftigkeiten in Luft auf, wenn man entdeckt, dass sich fast jede durch andere wettmachen lässt und dass es sich folglich eher um graduelle Unterschiede handelt: gut gebauter Körper, Erfahrung, Schönheit, kräftiger Penis, Verhalten, Nähe (bei der GPS-Ortung) usw. sind lauter Variablen, die einander ersetzen können, ohne dass zwischen ihnen so wesentliche Unterschiede festzustellen wären, um Mauern à la Trump zu errichten. Die Grenzen sind so diffus, dass sie auch nicht mit NATO-Draht zu sichern sind.

Erinnern wir uns zum Beispiel daran, wie in Südafrika während der Apartheid oder in den USA während des Sezessionskriegs die Verfechter der Rassentrennung sich vehement dem Sex zwischen Weißen und Schwarzen widersetzten, weil sie wussten, wie sehr das die Mauern ins Wanken und die Rassentrennung in Gefahr brachte. Und tatsächlich, so war es. Bemerkenswert ist, dass die Zunahme von Sex zwischen Weißen und Schwarzen (vor allem unter Jugendlichen) nicht etwa zur Folge hatte, dass nur junge und schöne Schwarze in die Welt der Weißen integriert wurden. Im Gegenteil, die Folge war vielmehr die Auflösung der Rassenschranken, das heißt, die schwindende Bedeutung der Variablen «Rasse» in Bezug auf die Zusammensetzung menschlicher Gemeinschaften.

Heute befinden wir uns mitten in einer Zeit des Wiedererstarkens der Archaismen: Rassistische und fremdenfeindliche Kräfte sind weltweit im Vormarsch; die Religionen und die Nationen ziehen sich immer mehr in sich zurück; überall werden immer höhere Mauern errichtet, und die Gemeinschaften werden immer engstirniger; die Welt jedes Menschen wird immer ärmer und kleiner. Aber da ist die Welt der Schwulen (allgemein LGTBI), die Menschen aller Art in einem gemeinsamen Fest universeller (und allenfalls halb sublimierter) Brüderlichkeit miteinander verbindet. Ein Gay Pride-Fest (oder eine *sex party*) wird in einer Welt gefeiert, die viel größer und reichhaltiger ist als eine Demonstration des Foro de la Familia[21] (oder eine Wahlveranstaltung des PP[22]): In ihr gibt es mehr Ethnien, mehr Religionen, ein breiteres gesellschaftliches Spektrum, mehr Sprachen, mehr Kulturen, mehr Lebensformen, größere ideologische Vielfalt, mehr Familienarten … Entgegen allen Behauptungen, die uns etwas anderes glauben machen wollen, ähnelt ein Gay Pride-Fest mit seiner Vielfalt wesentlich mehr der realen Welt als die von der Bischofskonferenz einberufenen Demonstrationen (die im Hinblick auf die Weite der Welt nur mit den Dörfern Kastiliens in der Zeit nach dem Spanischen Bürgerkrieg vergleichbar sind). In Wirklichkeit ist die Kirche, im Vergleich mit einer Sauna, eine sehr kleine Welt.

Tatsächlich kann der Sex so viele Variablen (Ethnie, Gesellschaftsschicht usw.) durchqueren, dass er in der Lage ist, fast alle Grenzen aufzulösen. Es genügt eine minimale «sexuelle Öffnung gegenüber der Welt», um sich mit der ganzen Welt verbunden (potentiell eng verbunden) zu wissen, das heißt mit Menschen, die all die Variablen durchqueren, gegen die man Stacheldrähte und Mauern errichtet hat, um so die Welt zu zerstückeln.

Auf den Partys, über die ich im Abschnitt «Tagebuch der (zeitfreien) Sessions» gesprochen habe, ist es häufig so, dass du nicht einmal weißt, ob dich ein Adliger oder ein Straßenfeger benutzt, oder ob du gerade einen Spanier oder einen Ausländer dominierst. All diese Unterscheidungen werden ausgelöscht, und damit wird klar, dass es möglich war, sie auszulöschen. Man kann von sich glauben (im alltäglichen Leben), man verachte die Lateinamerikaner, und sich sogar für überlegen halten, weil man Spanier und Europäer ist. Aber dann, wenn es ernst wird, zerplatzen alle Vorstellungen, und dem Kariben genügen Körper und Haltung, um grenzenlos zu penetrieren, Schweinereien zu machen und Besitz zu ergreifen.

Man würde annehmen, dass, obwohl das geschehen ist, am nächsten Tag alles wieder in die Normalität der Kästchen und Grenzen zurückkehrt. Aber ganz so ist es nicht. Dinge, die einmal geschehen sind (und sei es nur ein einziges Mal), können nicht mehr ungeschehen gemacht werden. Die Erinnerung an die Erfahrung lässt dich nie vergessen, wie zerbrechlich die Grenzen zwischen den Menschen im Vergleich zu der elementaren Stärke des ursprünglichen Stroms sind. In einer Session mit intensivem Sex werden alle Unterschiede ausgelöscht, und es ist möglich, mit dem eigenen Körper und ganz unmittelbar den Platz irgendeines anderen einzunehmen.

In *El lugar de los poetas* versuche ich zu erklären, wie es ist und wie wichtig es ist, im Bereich der Gefühle «den Platz eines anderen» einzunehmen. Nur wer das dort Ausgeführte aufmerksam gelesen hat, kann wirklich die Relevanz dessen ermessen, was hier aufgeworfen wird. Das Ganze nimmt Bezug auf die Forderung nach einer Erweiterung des Gefühlsmodus, die Kant in der *Kritik der Urteilskraft* aufstellt. Kant fordert als Aufgabe die Konstruktion eines *sensus communis universalis* – eines Gefühlsmodus, der fähig ist, die gesamte Menschheit aufzunehmen –, der aber auf gewaltige Schwierigkeiten stößt angesichts der Kästchen, Mauern, Grenzen, die stets den für die Menschen unvermeidlichen Ausgangspunkt bilden.

Seit Freud wissen wir noch besser, dass diese Aufgabe ganz konkrete, schwer erreichbare (und ganz sicher nicht vollständig erreichbare) Bedingungen für eine Möglichkeit beinhaltet: die Möglichkeit, dem ursprünglichen Strom von Angesicht zu Angesicht, offen, unbewehrt und bloß ins Auge zu sehen; und von da aus, von diesem Ort des ozeanischen Gefühls ausgehend, Formen zu verknüpfen und zu erschaffen, indem man praktisch von dem ursprünglichen Rohmaterial ausgeht.

Diese Möglichkeit erlebt man, wie hier bereits erwähnt wurde, in den zeitfreien Sessions, den Saunen, den Sexclubs und den Darkrooms, für die wir Homosexuellen uns so sehr begeistern. Die Forderung, «den Nächsten zu lieben wie dich selbst», wird an solchen Orten und wenigen ande-

ren zur Wirklichkeit (und wird dort zweifellos mehr verwirklicht als im Gottesdienst). Und tatsächlich, man braucht
sich nur ein bisschen mitreißen zu lassen, schon verschwindet der Unterschied zwischen dem Nächsten und einem
selbst weitgehend (worin ja letztlich das ozeanische Gefühl
besteht).

Bessere Landkarten und Spielzeugwaffen

Diese zunehmende Auflösung der Grenzen (um aus ihnen
etwas zu machen, was viel durchlässiger und diffuser sein
wird als das, was wir jetzt haben) ist die einzige Möglichkeit, Thanatos in die Irre zu leiten. Ihn ganz und gar zu eli-
minieren, wird uns nicht gelingen. Tausende von Jahren
Menschengeschichte lassen nicht viel Freiraum für Opti-
mismus: Seit je haben wir uns gegenseitig mit allen Mitteln,
die uns zur Verfügung standen, umgebracht; obwohl aller
menschliche Einfallsreichtum entfaltet wurde, um sich die
Qualen der Hölle vorzustellen, war niemand fähig, sich
Foltern auszudenken, die nicht schon tatsächlich auf Erden
bei Mitmenschen angewandt wurden; der kleinste Unterschied zwischen zwei Dörfern (eine kleine Schlucht, ein
trennendes Rinnsal oder die Grenze zwischen zwei Stadt-
vierteln) genügt, um ständig unmittelbar vor dem Ausbruch
eines Krieges zu stehen. Thanatos wird immer versuchen,
etwas zu zerstören oder zu erreichen, dass wir uns selber
zerstören.

Aber wann immer möglich, müssen wir ihn in die Irre

führen. Erstens bleibt uns, wie schon gesagt, nichts weiter übrig, als seine Waffen durch Spielzeugwaffen zu ersetzen (wie es in den BDSM-Clubs oder in einigen Osterprozessionen gemacht wird). Zweitens ist es eine unverzichtbare Aufgabe, Thanatos eine Landkarte mit anderen Zielen an die Hand zu geben, damit er sein Zerstörungspotential nicht gegen das benachbarte Dorf, gegen die Anhänger einer anderen Religion oder einer rivalisierenden politischen Fraktion (immer innerhalb derselben Partei natürlich) richtet. Letztlich können wir kein höheres Ziel anstreben als das, welches Plutarch Alexander zuschreibt: aufhören, die Verwandten als gut und die Fremden als böse zu betrachten und stattdessen die Guten als Verwandte und die Bösen als Fremde betrachten.[23]

5

G, L, B, H, T, I, Q ... und das Ende
der Heterosexualität

Ausgehend von dem, was im vorangegangenen Kapitel dargelegt wurde, wird verständlich, in welchem Sinne wir uns als Botschafter der Menschheit begreifen können und als eine der wenigen noch verbleibenden Hoffnungen für die Vereinigung unserer Spezies. Jetzt geht es darum, einen Streifzug durch die Unzahl von Kästchen zu unternehmen, in denen wir unsere Botschaften einrichten und ausdehnen.

Schwule

Nach nicht wenigen Erfolgen ist die Situation der männlichen Homosexuellen auf dem Weg, sich nach und nach zu normalisieren. Wir Schwule genießen eine wachsende Sichtbarkeit und das in mehr und mehr Formaten, die nicht immer standardisiert sind. Die raue Atmosphäre an den Schulen ist weiterhin für viele eine Hölle, aber alle wissen, dass draußen, mitten in der Stadt, eine fröhliche und zivilisierte Welt auf sie wartet.

Diese fortschreitende «Normalisierung» ist eine gute Nachricht für die Einzelnen und nur zu begrüßen. Wenn wir uns mehr Sorgen um die Reinheit der Homosexualität machten als um die Ruhe und das Glück der homosexuellen

Menschen, würden wir genauso denken wie die Bischöfe in Bezug auf die Familie (sie beharren wie besessen darauf, das Konzept zu retten, während sie gegenüber den einzelnen Familien eine grausame Gleichgültigkeit walten lassen).

Andererseits führt diese fortschreitende Normalisierung nach und nach dazu, dass wir etwas von unserem «Draußen-Sein» verlieren. Die Fähigkeit, uns ein wenig außerhalb zu stellen, ist in gewisser Weise eine privilegierte Position, die wir Verrückte und Sonderbare mit den Dichtern und den Kindern teilen. Und logischerweise verlieren wir sie umso mehr, je mehr wir unter abnehmender Gewalt in die Mitte der Gesellschaft integriert werden. Es kann sogar der Tag kommen, an dem die Homosexuellen nicht mehr Stunden ihrer Kindheit und Jugend damit verbringen müssen, darüber nachzudenken, was an dem Kästchensystem nicht funktioniert. In dem Moment werden wir die privilegierte Position verlieren, die wir jetzt innehaben, um die Kästchen von draußen zu betrachten (was – wie wir im Verlauf dieses Buches gezeigt haben – die entscheidende Voraussetzung für unsere Freiheit ist). Aber es wird eine große Neuigkeit sein, die dann gebührend gefeiert werden muss. Vielleicht werden wir uns in dem Moment als Kollektiv sogar auflösen und unsere Waffe, das heißt unsere Feder, niederlegen.

Aber noch liegt diese Situation in weiter Ferne. Homosexuell zu sein, ist in großen Teilen der Welt (einschließlich zahlreicher Länder, in denen uns noch immer die Todesstrafe droht) weiterhin ein Leidensweg. Selbst in den fortschrittlichsten Ländern liegen die Räume der Freiheit im Zentrum der Großstädte, während in den ländlichen Gebieten noch fundamentale Veränderungen ausstehen. Die meisten religiösen Konfessionen verstoßen ihre homosexuellen Gläubigen (was für eine gläubige Person der symbolischen Verstoßung durch den Vater gleichkommt). Unsere Kinder und Jugendlichen werden weiterhin gemobbt, und unsere Alten werden häufig von den Ordensschwestern der Pflegeheime gezwungen, ihre Sexualität wieder zu verbergen.

Alles in allem sind wir Schwulen innerhalb der Welt der verschiedenen Sexualitäten Privilegierte. Schon deshalb, weil wir letzten Endes Männer sind. Und das verschafft uns einen (so ungerechten wie klaren) Vorteil zum Beispiel gegenüber den Lesben.

Lesben

Unser Lob der Homosexualität hat sich in fast allen Aspekten sowohl auf die männliche als auch auf die weibliche Homosexualität bezogen. Was den sexuellen Aspekt im engeren Sinn betrifft, haben wir uns vor allem um die männliche Homosexualität gekümmert, die noch sichtbarer ist als die weibliche.

Die Lesben sind ganz offensichtlich Gegenstand einer zweifachen Ungerechtigkeit: Zum einen werden sie als Frauen unterdrückt und zum anderen als Homosexuelle diskriminiert. Außerdem leiden sie unter einer Unsichtbarkeit, die nicht immer im Zuge der wachsenden Sichtbarkeit der männlichen Homosexualität korrigiert wird (manchmal geschieht sogar das Gegenteil).

Allerdings gilt auch hier, dass gelegentlich perverse Gründe, und zwar völlig unbeabsichtigt, auch positive Auswirkungen haben. Das trifft für einige Aspekte im Verhältnis von Homosexualität und Frauen zu (egal, ob sie sich selber als lesbisch, bisexuell oder heterosexuell sehen). Der perverse Grund ist folgender: Die Tradition hat versucht, die weibliche Sexualität allgemein zu hemmen, auf ein Minimum zu beschränken und sie sogar zu leugnen. Während wir Männer ermutigt wurden, uns in sexuelle Raubvögel zu verwandeln, bemühten sich all die Ordnungshüter (Großväter, Großmütter, Väter, Mütter, Freunde, Freundinnen, Arbeitskollegen und -kolleginnen, zukünftige Verlobte ...) nach Leibeskräften, Sittsamkeit und Anstand zu beherrschenden weiblichen Tugenden zu machen. Das Ziel war immer, die weibliche Sexualität auf das Wesentliche zu reduzieren, sie auf den engen Bereich der Fortpflanzungspflichten zu beschränken und selbst innerhalb dieses Minimums zu versuchen, alles auszurotten, was an Vergnügen und Lust übrig bleiben könnte. Die Verleugnung des weiblichen Sexualbegehrens ist immer ein erklärtes Ziel in der Ordnung unserer Vorfahren gewesen.

Nun verursachten aber diese so intensiven wie einfältigen Bemühungen nicht nur untragbare Ungerechtigkeiten, sondern nebenbei auch den einen oder anderen unerwünschten Kollateralschaden, den wir trotz allem als positiv betrachten dürfen: Während der Druck auf die Männer, alles zu sexualisieren, sie zwingt, sich fest in starren Kategorien zu definieren, stehen die Frauen unter geringerem äußerem Druck und können ihr Begehren frei gestalten und organisieren. Bei uns Männern wird hinter allem, was wir tun, eine sexuelle Absicht vermutet, und das ist (auch wenn es häufig zutrifft) eine schwere Bürde. Die Situation der Frauen hingegen ist genau umgekehrt: So beharrlich sie auch das Gegenteil zeigen mögen, hat jeder anständige Mensch selbstverständlich davon auszugehen, dass alles, was sie tun, frei von jeglicher sexuellen Absicht ist. Aus der Sicht des Kampfes um Sichtbarkeit bedeutet das ein schwer zu überwindendes Hindernis: Selbst wenn zwei Frauen zusammen leben, Hand in Hand auf der Straße gehen, sich gemeinsam irgendwo hinsetzen und sich das Haar streicheln oder sich zärtlich küssen, werden die Augen der Tradition in ihnen weiterhin einfach zwei Freundinnen sehen. Aber wie so häufig bei undurchsichtigen Dingen hat dies noch eine andere Seite, die die Frauen stets zu nutzen verstanden haben: Da ihre Sexualität nicht zu sehen ist – weil die Tradition unseren Blick verzerrt hat, damit wir es nicht sehen –, öffnet sich für sie ein Raum der Freiheit, in dem sie fast alles tun können, ohne dass es sichtbare Sünden oder Motive für gesellschaftliche Vorwürfe gäbe. Das hat logischerweise eine Welt eröffnet, in der die starre Definition (die strenge Klassifizierung in hermetische Waben) völlig unnötig wird.

Das wiederum hat dazu geführt, das fast alle Frauen das sind, was wir heute «bisexuell» nennen. Ich wage es nicht, «alle» zu sagen, denn die Umfrage, auf die ich mich stütze, ist nicht repräsentativ genug, um so etwas zu behaupten (die Umfrage umfasst nicht alle Frauen der Vergangenheit, der Gegenwart und der Zukunft; reale oder potentielle Frauen), aber soweit sie reicht (das heißt unter meinen Freundinnen), hat sie nicht eine Ausnahme ergeben.

Die Grenzen sind diffuser. Zwei Freundinnen können zusammen schlafen oder sich nackt streicheln und dabei den Leuten weiter erzählen, dass sie nur befreundet sind. Sie gehen zusammen auf die Toilette und sprechen untereinander über Sex in einer Weise, die, würden Männer so miteinander reden, bei niemandem einen Zweifel daran ließe, dass das Gespräch mit einem Orgasmus enden wird. Die Gesellschaft, naiv und grausam zugleich, weigert sich, darin mehr als eine schöne Freundschaft zu sehen. Dabei sind einige Fälle wirklich extrem. Ein Freund erzählte mir die Geschichte seiner Tante Conchi, die so gut mit seiner leiblichen Großtante befreundet war, dass die beiden zusammen lebten und immer gemeinsam zu Besuch kamen. Sie verbrachten gemeinsam den Urlaub und gingen gemeinsam zu den Weihnachts- und Silvesteressen. Nun, dieser Freund kam bis zu seinem 18. Lebensjahr nicht auf die Idee, dass Tante Conchi die Lebensgefährtin seiner Tante sein könnte (was sie war). In dem Moment, wo sich jemand die Frage gestellt hätte, wäre die Antwort klar gewesen. Aber genau da liegt das Problem: Das undurchdringliche Dickicht von Vorurteilen verhindert, dass die Frage überhaupt gestellt wird.

Dagegen haben sich die beiden untereinander selten betrogen. Tante Conchi wirklich niemals. Aber in Wahrheit vermute ich, dass die meisten Frauen einander nicht betrügen. Es kann vorkommen, dass sie etwas zu verbergen suchen, sogar voreinander (wobei sie sexuelle Inhalte ausdrücklich vermeiden), aber im Unterschied zu vielen Männern betrügen sie sich selten selber.

Allerdings hat der geringere gesellschaftliche Druck auf

die Frauen, sich unzweideutig definieren zu müssen, es ermöglicht, dass dieses Sexualbegehren (in den meisten Fällen) mit einem parallelen Sexualbegehren gegenüber den Männern vereinbar ist. Das Bestreben der Tradition, die weibliche Sexualität zu leugnen, hat diese unsichtbar gemacht. Doch wurde damit teilweise das Gegenteil der erhofften Wirkung erzielt: eine offenere und weniger eingeschränkte (reichere und freiere) Sexualität als die der Männer, denn von uns verlangt man angesichts der Vermutung, dass alle unsere Handlungen sexuell motiviert sind, dass wir uns hieb- und stichfest definieren und abgrenzen.

Allerdings hat diese – sagen wir – allgemeine «Bisexualität» der Frauen ihrerseits unerwünschte Folgen: Die Konstruktion ihrer Sexualität in einem unsichtbaren Raum hat einen Freiraum und eine Offenheit ermöglicht, die die Männer nicht kennen. Doch angesichts der Unterdrückung und der Schwierigkeiten, denen wir Homosexuelle ausgesetzt sind, entscheiden sich viele (und nicht nur die «bisexuellen») Frauen für ein möglichst ungestörtes Leben, indem sie ein vollkommen standardisiertes heterosexuelles Leben führen. Das bedeutet selbstverständlich ein schwer zu überwindendes Hindernis und eine der großen Herausforderungen in puncto Sichtbarkeit, die wir noch vor uns haben.

Bisexuelle

Endlich beginnt die Ära der Bisexualität. Bis jetzt war der dafür zu zahlende Preis so gewaltig, dass du als Bisexueller das Zeug zum Märtyrer haben musstest, um das Leben mit jemandem deines Geschlechts zu teilen. Über sporadische Affären hinaus war das häufigste Ziel weiterhin, einfachere Lebensoptionen zu finden und zu versuchen, alle potentiellen Strapazen zu vermeiden. Die Sache ist noch heute nicht einfach, aber zumindest wagen es die Tapfersten, sich ungezwungen zu verhalten und den Druck aus ihrer Umgebung etwas in die Schranken zu weisen, wenn es darum geht, ihr eigenes Leben zu gestalten. «Homosexuell» und «heterosexuell» sind bereits etablierte Begriffe. Und wenn das der Fall ist, finden auch die damit bezeichneten Dinge leichter Eingang in das gesellschaftliche Leben. Aber die «Bisexualität» hat noch einen großen Rückstand aufzuholen.

Nicht selten finden die (angesichts dieser Weite des sexuellen Blicks im Grunde vor Neid platzenden) Heterosexuellen, dass dies zu viel des Lasters sei: entweder das eine oder das andere, aber alles zusammen ist zu viel. Allerdings ist das nicht weiter besorgniserregend. Von den Heterosexuellen kann man nicht erwarten, dass sie zur Avantgarde dieses Fortschritts gehören, und sie werden – von ehrenwerten Ausnahmen abgesehen – als letzte begreifen, dass ein Laster nie zu viel ist (natürlich immer unter der Voraussetzung, dass die gesetzlichen Grenzen beachtet werden).

Aber auch wir Homosexuellen sind im Allgemeinen nicht so nett zu den Bisexuellen, wie wir sein sollten. Tatsächlich müssen wir noch ein ganzes Stück Weg zurücklegen, bis wir die Bisexualität nicht mehr nur mit einem Zähneknirschen akzeptieren. Diese Hemmung hat im Grunde zwei Ursachen: Wenn jemand über seine Bisexualität spricht, ohne dafür klare Beweise beizubringen (was aus verständlichen Gründen nicht immer einfach ist), neigt ein Teil des Kollektivs zu der Meinung, dass es sich um einen Schwulen oder eine Lesbe handelt, der oder die sich zum Teil ihrer sexuellen Orientierung schämt und sie mit einer angeblichen Offenheit verbrämt, die sich in Wirklichkeit auf ein paar sporadische Abenteuer aus längst vergangenen Zeiten beschränkt, wie sie jeder x-beliebige Junge aus der Nachbarschaft gehabt hat. Falls die entsprechenden Beweise doch vorliegen und regelmäßige heterosexuelle Beziehungen festgestellt werden, sind auch dann nicht wenige schnell bei der Ansicht (es gehe nur um das Ausprobieren neuer Reize), dass es sich hier um problembeladene Heteros handelt.

Die erste dieser beiden Haltungen ist verständlich (wenn auch nicht zu rechtfertigen) seitens eines Kollektivs, das eine so intensive Verfolgung erlitten hat, dass es selbst heute noch nur solche Personen als Mitglieder der angegriffenen Gemeinschaft aufzunehmen bereit ist, die gewillt sind, ihr ohne Zweideutigkeiten jedweder Art anzugehören. Allerdings können (und müssen) wir selber, mit dem Fortschreiten unserer Unterminierungsarbeit und der daraus resultierenden Erschütterung der Zitadelle «Heterosexualität» in ihren Grundfesten, flexibler werden, wenn es darum geht, jemanden als «einen der Unseren» zu akzeptieren. Die zweite Haltung ist weniger verständlich, denn die Wege der Reize sind unergründlich; aber genau deshalb ist sie auch eher zu rechtfertigen.

In jedem Fall haben es die Bisexuellen nicht nur mit den Heteros schwer (die man sich immer an letzter Stelle in unserem langen Marsch vorstellt), sondern auch mit uns, die wir in dieser Hinsicht mehr Verantwortung gegenüber unserer Avantgarde-Position an den Tag legen sollten. Ganz zweifellos müssen wir die nächsten Jahre der Sichtbarwerdung der Bisexualität widmen. Das wird nicht einfach, aber es steht dabei viel für uns auf dem Spiel: Die Sichtbarwerdung der großen Zahl von Bisexuellen ist vielleicht der noch fehlende Gnadenstoß, um dem unerbittlichen Programm «Heterosexualität» ein für alle Mal den Garaus zu machen.

Transsexuelle

Die Transsexuellen sind echte Helden und Heldinnen unserer Zeit. So große Verdienste all die verschiedenen Sexualitäten haben (und die haben sie) und so sehr wir ein Lob verdienen (das wir verdienen), feiern wir in gewisser Weise doch etwas, das bereits unterhaltsam geworden ist. Dagegen werden die Transsexuellen noch immer Opfer grausamster Angriffe, weil sie auf das Konzept der Gesellschaft mit einer Bewegung zu reagieren suchen, die noch gewagter ist als die unsrige (und die die Hüter der fixierten Wesenhaftigkeiten als höchst exzentrisch und unverzeihlich betrachten).

Wie schon mehrfach gesagt, besteht die Tätigkeit von uns Homosexuellen darin, den Inhalt der Programme, den die Vorfahren organisiert haben, auf den Kopf zu stellen. Oder besser gesagt, sie besteht darin, dass wir versuchen, glücklich zu sein (wie alle anderen), und wenn das ihre Programme durcheinanderbringt, dann kann man nichts machen: Dann haben sie eben Pech gehabt. Wenn diese Operation (gegen alle Widerstände) durchgeführt wird und dabei die grundlegendsten und wesentlichsten Elemente einiger Ordner («Männlichkeit», «Weiblichkeit» …) in Unordnung bringt, dann gewinnen alle an Freiheit: Wenn selbst die am Tiefsten verwurzelten Inhalte jeder Wabe (diese Ecksteine, auf denen das gesamte Gebäude errichtet ist) angenommen oder verworfen werden können, ohne dass dadurch die Welt untergeht, dann ist klar, dass man dasselbe mit den eher randständigen oder rein der Zierde dienenden Elementen tun kann.

Das Eingreifen der Transsexuellen ist noch gewagter und hat deshalb noch grausamere Attacken zur Folge. In diesem Fall geht es nicht nur darum, zu beweisen, dass man mit dem Inhalt der Waben frei spielen kann. In dem Abschnitt «Die Käfige sind menschlich (allzu menschlich)» erwähnten wir bereits, dass zum Beispiel viele transsexuelle Frauen das Programm «Weiblichkeit» in allen seinen Einzelheiten (Brüste, Schminke, Kleidung, Schuhe, Gestik …) häufig minutiöser übernehmen als die übrigen Frauen. Es geht ihnen (in den meisten Fällen) gar nicht darum, die Organisation der Programme grundlegend zu verändern, sondern sie tun etwas für die Hüter der fixierten Wesenhaftigkeiten noch viel Unverzeihlicheres: Sie beweisen, dass – selbst wenn dieser Inhalt für gut befunden wird – jeder Mensch, jeder Körper, jeder Fall, jede einzelne Person frei entscheiden kann, welches Programm sie sich herunterladen will, welchem Ordner sie angehören oder welche Wabe sie bewohnen möchte. Selbst wenn man akzeptiert, die Programme so zu lassen, wie die Vorfahren sie organisiert haben, sind wir doch nicht einfach nur Tierchen, die ein Entomologe in die Gläser einordnen darf, in die sie «wirklich» (oder «vom Wesen her») hineingehören. Nicht einmal, wenn der betreffende Entomologe eine Soutane oder einen Arztkittel trägt. Warum nicht? Weil wir Menschen im Unterschied zu den Tieren (die keinerlei Mitsprache haben, wenn es darum geht zu entscheiden, was sie sind) das sind, als das wir uns fühlen (unter anderem deshalb – wenn auch nicht nur und nicht hauptsächlich –, weil wir fähig sind, uns ein Paar Flügel oder ein Paar Brüste umzubinden, wenn wir es für zweckmäßig halten).

Diese Sichtweise ruft einige Ärzte auf den Plan, die sich als Entomologen für Menschen verstehen (die hohen Tiere, die bis heute verhindern, dass die Transsexualität aus der Liste der Geisteskrankheiten der WHO gestrichen wird). Das trifft nicht für den gesamten Berufsstand der Ärzte zu, dem wir uns zu höchstem Dank verpflichtet fühlen. Die Bewunderung und der Respekt, die uns die im Gesundheitswesen Tätigen abverlangen, die ihr ganzes Leben darauf verwenden, ihre Arbeit gut zu machen, sind nur vergleichbar mit der Bewunderung und dem Respekt, die die Richter verdienen, die gerechte Urteile zu fällen vermögen, selbst wider den Druck der Mächtigen (oder ihrer eigenen Ansichten). Aber es gibt immer Einzelne, die aus Eigeninteresse wissenschaftliche Elemente und ideologische Positionen vermischen.[24] Die erwähnte Sichtweise weckt auch den Zorn einiger feministischer Strömungen, die die transsexuellen Frauen objektiv als Kollaborateurinnen des Patriarchats betrachten, weil sie die Organisation der Programme nicht zwangsläufig in Zweifel ziehen. Und natürlich löst das auch allgemein in der Gesellschaft die erbarmungslosesten Reaktionen aus. Das Mobbing, das sie als Jugendliche in den Schulen erdulden, die körperlichen Aggressionen und die Beschimpfungen, denen sie auf der Straße zum Opfer fallen, oder die ungeheuerlichen Diskriminierungen, die sie am Arbeitsplatz erleiden müssen, all das hat in keinem anderen Kollektiv eine Entsprechung. Es ist wirklich skandalös, wie vielen Transsexuellen nichts weiter übrig bleibt, als sich zu prostituieren, und nicht etwa, weil sie die Prostitution einer prekären Arbeit vorziehen, wie sie heutzutage der Arbeitsmarkt anbietet, sondern weil der Arbeitsmarkt ihnen nicht einmal dieselben erniedrigenden Bedingungen bietet wie der restlichen Bevölkerung.

Auf einen treuen Verbündeten können sie indessen zählen: auf uns Homosexuelle. Im Unterschied zu einigen Feministinnen verteidigen wir vehement ihr Recht, sich nicht gegen die Kästchen zu wenden, wenn sie keine Lust dazu haben (es fehlte noch, dass jemand dazu gezwungen wird, nach Regeln zu leben, die von Politkommissaren der Gender-Dekonstruktion auferlegt werden). Im Gegensatz zu einigen Ärzten verteidigen wir ihr Recht, ihren Körper und ihr Leben in das Kästchen einzuordnen, in dem sie sich wohler fühlen. Aber gleichzeitig hilft den Transsexuellen unsere bloße Existenz, so wie sie allen anderen hilft, das Leben etwas freier zu leben: So wie wir den heterosexuellen Männern zum Beispiel dabei helfen, dass sie ihre Freunde nicht schlagen müssen (um ihnen ihre Zuneigung zu zeigen und dabei weiterhin «richtige Männer» bleiben zu können), helfen wir den Transsexuellen dabei, sich nicht mit Oberweiten oder High Heels verrückt zu machen, um sich als «richtige Frauen» fühlen zu können. Wir tun das, indem wir einfach die Männer und die Frauen respektieren und gleichzeitig dem «richtig» die Wichtigkeit nehmen.

Intersexuelle

Die Intersexuellen als eigenes Kollektiv bedeuten, verglichen mit uns Homosexuellen, noch einmal eine ganz andere und größere Herausforderung für die von uns ins Spiel gebrachte Dramatik «richtiger» Männer und «richtiger» Frauen. Wir Homosexuellen stellen die Kästchen in Frage, indem wir beweisen, dass selbst die sexuelle Orientierung («richtige» Männer begehren Frauen und «richtige» Frauen begehren Männer) verändert werden kann, ohne dass dies ein Problem ist, es sei denn für die Kästchen selber. Allerdings zeigen die intersexuellen Menschen, dass nicht einmal die eigenen Geschlechtsorgane so schlüssig sind, wie behauptet wird, wenn es darum geht, eine «richtige Klassifizierung» zu erstellen.

Die intersexuellen Menschen bringen nicht nur (wie wir Homosexuellen) den Gender-Begriff ins Wanken (das heißt, all die Gesten, Haltungen, Neigungen, Pflichten, Arten sich zu kleiden usw., die sich nach und nach um die Geschlechtsorgane bilden, um schließlich diese so komplexen und an Einzelheiten überreichen Konstrukte Männlichkeit und Weiblichkeit zu ergeben). De facto fordern sie die eigene Vorstellung von Geschlecht heraus, also das, was nichts weiter als rein biologische Fragen betrifft. Lange Zeit herrschte allgemein die Ansicht, dass das Gender ein kulturelles künstliches Konstrukt sei, der Unterschied der Geschlechter hingegen rein biologisch und in diesem Fall tatsächlich naturbedingt sei. Doch …

«… die Biologie besitzt selber eine soziale Geschichte und hat in ihrem Verlauf das Geschlecht unterschiedlich betrachtet. Das wird deutlich, wenn sich bei den Olympischen Spielen oder bei der Women's Tennis Association die Frage stellt, welche Kriterien gelten sollen, um das Geschlecht zu bestimmen: Chromosomen, Endokrinologie, Morphologie? Welcher Test soll verwendet werden? Wie sehr bestimmt der Test die Ergebnisse? Existiert eine richtige Art, die Körper zu kategorisieren? Was sagen uns die Kategorien? Ich glaube, die Kategorien sagen uns mehr über das Bedürfnis, die Körper zu kategorisieren, als über die Körper selbst.»[25]

Der Geschlechtsunterschied scheint offensichtlich und natürlich zu sein. Doch versucht man, eine systematische Klassifizierung zu erstellen, kommt man unweigerlich zu dem Schluss, dass immer und unvermeidlich Individuen an den Rändern auftauchen, auf halbem Wege zwischen mehreren Kästchen. Als Erstes wird man ein Unterscheidungskriterium unter mehreren möglichen auswählen müssen: die Morphologie, die Endokrinologie, die Chromosomen oder irgendein anderes. Und je nachdem, welches wir wählen, wird das Ergebnis Gruppen präsentieren, in denen nicht alle Elemente übereinstimmen. Es wird immer Individuen geben, die bei Anwendung eines bestimmten Kriteriums eher in das Kästchen «Mann» fallen und, sobald man ein anderes Kriterium wählt, in das Kästchen «Frau» gehören. Im Hinblick darauf ist es ziemlich irrelevant, ob es sich um viele oder wenige Fälle handelt. Hier geht es darum, mit Hilfe der Vernunft die Beziehung zwischen den Wörtern und den Dingen (den Kategorien und den Körpern) ins Auge zu fassen.

Die dramatische Geschichte, die Michel Foucault über die/den junge/n Intersexuelle/n Herculine Barbin im Frankreich des 19. Jahrhunderts erzählt, wirft in dieser Hinsicht unumgängliche Fragen auf. Bei der Geburt wurde Herculine das weibliche Geschlecht zugewiesen, und in dieser Kategorie entfaltet sie zwanzig Jahre lang ein einigermaßen glückliches Leben. In ihren Memoiren berichtet sie uns vom Ablauf ihrer Ausbildung, von einigen beruflichen Erfolgen und von den verschiedenen Frauen, in die sie sich im Laufe der Jahre verliebte. Doch eine Reihe von Umständen – ein Bischof, der das Beichtgeheimnis bricht, ein Arzt, der wissenschaftliche Untersuchungen durchführt, und ein Richter, der dafür sorgt, dass das Gesetz befolgt wird – führten unweigerlich dazu, den anfänglichen «Fehler zu korrigieren», und zwangen Herculine, ihr Leben in das eines «Mannes» zu verwandeln, was zu einer einzigen Tortur geriet und mit ihrem Selbstmord endete.

Foucault schrieb unter dem vielsagenden Titel *Das wahre Geschlecht* eine Einleitung zu diesen Memoiren. Neben diesem Vorwort fügte er eine Reihe von Anlagen hinzu, in denen ärztliche Gutachten, offizielle Dokumente und in der

Presse erschienene Nachrichten gesammelt sind. Das ärztliche Gutachten endete folgendermaßen:

«Was folgern wir aus den vorangegangenen Tatsachen? Ist Alexina eine Frau? Sie hat eine Vulva, äußere Schamlippen, einen weiblichen Harnleiter, unabhängig davon eine Art nicht perforierten Penis, der vielleicht eine zu ungeheurer Größe entwickelte Klitoris ist? Es existiert eine sehr kurze und wirklich sehr enge Vagina, aber was kann es anderes sein als eine Vagina? Das sind völlig weibliche Merkmale: Ja, aber Alexina hat nie menstruiert, das gesamte Äußere ihres Körpers ist das eines Mannes, bei meinen Untersuchungen konnte ich keine Gebärmutter finden. Ihre Vorlieben, ihre Neigungen ziehen sie zu Frauen hin. Nachts folgt auf wollüstige Gefühle ein Spermaerguss, ihre Unterwäsche weist davon gestärkte Flecken auf. Schließlich lassen sich eiförmige Körper ertasten, so wie ein Samenstrang in einem geteilten Hodensack. Damit haben wir die echten Beweise für das Geschlecht; abschließend können wir sagen: Alexina ist ein Mann, wahrscheinlich ein Zwitter, aber es überwiegt eindeutig das männliche Geschlecht.»[26]

Entscheidend ist nicht, ob es mehr oder weniger solcher Fälle gibt (obgleich es nicht irrelevant ist, dass der WHO zufolge 1% der Neugeborenen Abweichungen von einigen der Parameter aufweisen, mit denen das «tatsächliche Geschlecht» bestimmt wird). Hier interessiert uns, über die allgemeine Problematik der Beziehung zwischen den Wörtern und den Dingen (zwischen den Waben und den Personen) nachzudenken und darüber, wie diese Beziehung in einer freien Welt zu organisieren wäre.

Wem fiele es ein, ganze Kapitel eines literarischen Werkes herauszureißen oder einige Takte aus einer Sinfonie zu streichen, um zu erreichen, dass sie besser in die Klassifizierung passen, die Literatur- oder Musikhistoriker erstellt haben? Hätte es einen Sinn, den Schnabeltieren die Schnäbel herauszureißen, um Linné zu retten? Doch genau das passiert selbst heute noch im Fall der Sexualität, wenn die Welt nicht richtig in die Klassifizierung hineinpasst. Statt einfach zu sagen «Klassifizierung hin oder her, es ist vernünftiger, die Leute in Ruhe zu lassen», treibt die Besessenheit, die richtige Klassifizierung um jeden Preis zu retten, die Ärzte dazu, eine schlüssige (wenn auch in den randständigsten Fällen äußerst zweifelhafte) Diagnose zu fällen und davon ausgehend zu amputieren, Hormone zu verabreichen, hier ein Stückchen wegzuschneiden, da ein anderes hinzuzufügen und an dem Neugeborenen alle erdenklichen trickreichen chirurgischen Eingriffe vorzunehmen, um zu erreichen, dass die Welt restlos in das konzeptuelle System passt, das wir für sie vorbereitet haben.

Queers

Wir, die «komischen Vögel», die Schnabeltiere, die Elemente an den Rändern, all die, die nicht einfach einzuordnen sind, die «Anderen», der «Rest», die «Sonderbaren», wir bilden eine Armee, die besonders geeignet ist, in der

Welt endlich zu einer gesunden und vernünftigen Beziehung zwischen den Wörtern und den Dingen zu gelangen.

Wir Homosexuelle sind die Vorhut in dieser Schlacht gewesen, aber in diesem Moment benötigen wir neue Kräfte, die sich uns anschließen. Wie bereits gesagt, zeichnet sich die (noch ferne) Möglichkeit ab, dass die Homosexualität eines Tages «normalisiert» ist. Aber wer glaubt, dass uns das außer Gefecht setzen wird, irrt sich. Wir haben uns als «Homosexuelle» zusammengeschlossen, um uns gemeinsam gegen die Angriffe zu wehren, die sich gegen uns als «Homosexuelle» richten. Aber selbst wenn die Hüter der fixierten Wesenhaftigkeiten diese Schlacht für verloren erklärten (indem sie eine weitere Wesenhaftigkeit in ihr Flakonsystem eingliedern) und beschlössen, gegen andere Formen der Vielfalt vorzugehen, würden wir alle (einschließlich immer mehr Heterosexueller) uns erneut gegen sie stellen. Das ist die historische Mission der Q-Community. Sie werden uns nicht durch Vereinnahmung einiger weniger besiegen. Sie können beliebig viele zusätzliche Flakons in das Regal stellen, in denen sie die Welt einsperren wollen. Es werden immer wieder neue, nicht einzuordnende, unterschiedliche komische Vögel in Erscheinung treten, die entweder gar nicht oder nur mit dem Etikett «Sonderbare» hineinpassen. Ist erst einmal der Anfang gemacht, ist es letztlich egal, wie viele Flakons und wie viele Etiketten die Hüter der fixierten Wesenhaftigkeiten zu akzeptieren bereit sind, es wird immer einer auftauchen, der sie wütend aus ihren Kästchen fahren lässt. Und es wird ausreichen, dass einige wenige diese Fahne schwingen, damit uns niemand mehr dazu bringen kann, die Flakons und Etiketten mit der Welt zu verwechseln. Es ist nicht mehr möglich, die Debatte mittendrin abzubrechen. Nun, nachdem das Fest begonnen hat, gilt: *The Show Must Go On*.

Heteroflexible

Kann man Sex mit Personen des eigenen Geschlechts haben und weiterhin hundertprozentig heterosexuell sein? Nein. Per definitioncm. Aber aus verständlichen Gründen werden nicht wir diejenigen sein, die diese Farce entlarven. In letzter Zeit ist eine bestimmte Art von Sex Mode geworden, nämlich die zwischen Kumpels (*bud sex*), die plötzlich aufeinander scharf sind oder sich besaufen und am Ende dem andern den Schwanz lutschen (nicht mehr nur in ihrer Fantasie, wie sie es gewöhnlich tun, sondern tatsächlich). Das Ganze ist so üblich geworden, dass sogar die konservative Presse sich der Sache annimmt.

Doch die dem Phänomen zugrundeliegende Idee könnte nicht absurder sein. Man kann sich entschließen, mit den Elementen seines Kästchens zu spielen, oder auch nicht. Aber wenn man sich entschließt zu spielen und spielt, kann man nicht sagen, man spiele nicht. Das sind die Grenzen, die die Logik dem Gebrauch der Wörter auferlegt. Die Kästchen, mit denen sie die Welt organisieren, hätten nicht unbedingt den Sex als Eckpfeiler wählen müssen. Aber nachdem sie es nun einmal getan haben, können sie nicht mehr behaupten, dass es nicht so gewesen ist. Wenn sie die Eckpfeiler verändern, bleiben die Kästchen davon nicht unberührt.

Diese rebellische Haltung gegen die Prinzipien der Logik kann ihre Ursache in einer ungewöhnlichen Dreistigkeit oder aber in einer extremen Queer-Haltung haben (ich vermute eher das Erstere). In jedem Fall werden nicht wir diejenigen sein, die allzu viel Energie darauf verwenden, eine Farce zu enthüllen, die notwendigerweise die zunehmende Auflösung der Kästchen bewirken wird, in denen auch sie eingesperrt sind.

Nachdem dies gesagt ist, verdient auch die Heteroflexibilität ein Lob: Diese Heterosexuellen, die weiterhin als solche leben, haben die Neugier, Sex mit Menschen ihres eigenen Geschlechts auszuprobieren (wohl wissend, dass damit ein Spiel mit den grundlegenden Elementen ihrer eigenen Identität beginnt).

In diesem Zusammenhang entsteht eine paradoxe Situation. Die traditionelle heterosexuelle Identität ist äußerst hart und zugleich äußerst zerbrechlich, wie Glas: Sie bekommt nicht so leicht Risse, aber wenn sie auf den Boden fällt oder von etwas durchbohrt wird, zersplittert sie in tausend Stücke. Dagegen sind die, die nicht diese Starrheit besitzen, viel widerstandsfähiger. Man benötigt Mut und genügend Selbstvertrauen, um bereit zu sein, mit den Kernelementen der eigenen Identität zu spielen, ohne Angst zu haben, dass alles explodiert.

Zumindest in diesem Sinn verdienen sie unsere ganze Achtung und auch die Anerkennung als Freunde und Verbündete im Kampf gegen die Starrheit der Waben (zu deren Opfern heterosexuelle Personen genauso gehören wie alle anderen). Hervorzuheben ist auch, dass sie als Teil dieses

Bündnisses unserer Unterstützung sicher sind, um sich, wenn sie das wünschen, weiterhin Heterosexuelle zu nennen (das heißt, um weiterhin wie Heterosexuelle zu leben, zu denken, zu fühlen und sich so zu nennen, wenn sie das glücklich macht; nicht anders, als wenn sie sich Brüste umhängen oder sich Lola nennen wollten). Tatsächlich liegt es in unserem eigenen Interesse, dass ihre homosexuellen Erfahrungen nicht völlig ihre heterosexuelle Existenz unterminieren. In uns werden sie Unterstützer finden, um ihr Heterodasein widerstandsfähiger (und zugleich weniger starr) zu machen.

Die Hüter der fixierten Wesenhaftigkeiten werden genau das Gegenteil tun. Diese zerbrechlichen Identitäten in ihrer Rüstung aus Glas werden all ihr Rüstzeug an Lachern und Witzen auffahren in einer Strategie, die suizidär (denn sie bewirkt, dass das Glas immer dünner wird), vor allem aber jämmerlich und lächerlich anmutet: Da wo wir heute stehen, kann dank der inzwischen fortgeschrittenen Demaskierung der Heterosexualität genannten Farce (mit all ihren Anhängseln) nur noch ein Bertín Osborne[27] über diese Witze lachen. Und im Übrigen haben wir es geschafft, dass es innerhalb der Strategien heterosexueller Verführung viel erfolgversprechender ist, sich als Heteroflexibler zu zeigen, statt Bertín Osborne zu ähneln.

Was hält die Zukunft für uns bereit?

Nach allem, was ich hier dargelegt habe, können sich die Dinge in zwei verschiedene Richtungen weiterentwickeln. Auf den ersten Blick scheinen sie gegensätzlich zu sein, aber hinsichtlich der praktischen Konsequenzen führen sie zu demselben Ergebnis (auch wenn sich zwischen ihnen große Kontroversen abzeichnen, als handelte es sich um einander ausschließende Alternativen).

Die beiden Möglichkeiten lassen sich kurz so umreißen: Einerseits wäre zu hoffen, dass nach und nach alle Waben, Kästchen und Käfige ihre Starrheit verlieren, immer durchlässiger werden mit immer feineren und biegsameren Gitterstäben, so dass man zwischen ihnen so bequem hin und her wechseln kann, dass sie am Ende kaum noch etwas zu bedeuten haben. Unter diesen Bedingungen wären die Käfige praktisch aufgelöst und wir würden demzufolge eine unendliche Vielfalt von Individuen vorfinden, von denen kein einziges voll und ganz in eine der Waben passen würde. In dem Moment hätte es keinen Sinn mehr, von «Homosexualität», «Bisexualität», «Heterosexualität» usw. zu sprechen. Jedes Individuum wäre in sich selbst ein Geschlecht, von dem man nicht mehr sagen könnte, dass es «Männer» oder «Frauen» mag. Ich kenne niemanden, der ausnahmslos alle Männer oder alle Frauen mag. Vielmehr verbindet sich diese Geschlechtsvariable immer mit vielen anderen (unsere Vorlieben richten sich auch nach Alter, Charakter, Verhalten usw.). So bliebe am Ende keine Möglichkeit mehr, nach feststehenden Kriterien zu klassifizieren, und wir müssten uns darauf beschränken, auf die Personen (mit all ihren Besonderheiten) zu verweisen, die in anderen Personen sexuelles Begehren wecken.

Die andere Möglichkeit (die gelegentlich als eine ausschließende Alternative vorgestellt wird, obwohl dem in Wirklichkeit nicht so ist) besteht darin, die Gültigkeit der Kästchen unverändert beizubehalten, aber eine ständig wachsende Vielfalt neuer Kästchen aufzunehmen, bis eine so umfangreiche Klassifizierung erreicht ist, dass jedes beliebige Individuum das Kästchen finden kann oder für sich selbst erschafft, in dem es sich wohl und ganz und gar verwirklicht fühlt. Auf diese Weise würde man die Kästchen «schwul», «lesbisch», «bisexuell», «heterosexuell» usw. in ihrer Gültigkeit unverändert lassen, aber so viele Kästchen wie notwendig hinzufügen, dass jeder ein Kästchen hätte, in dem er sich ohne Konflikte wiederfände. Diese beiden Möglichkeiten führen, wenn sie voll entwickelt werden, zum selben Ergebnis.

Für die vollständige Auflösung aller Kästchen zu arbeiten, ist eine Aufgabe, die nicht über die Grenze dessen hinausschießen darf, was die Personen akzeptieren. Mag man sich auch noch so entschlossen für die erste Option entscheiden, darf doch kein Politkommissar der Gender- und Identitätsdekonstruktion sich dem Wunsch einzelner Personen verschließen, bestimmte Kästchen (oder Fragmente von Kästchen) beizubehalten, um sich gemeinsam mit anderen als Mitglieder derselben Gruppe und derselben «Gemeinschaft» wiederzuerkennen. Nicht einmal in einer bereits ideal gestalteten Welt gäbe es das Recht, sich etwas so Menschlichem zu widersetzen. Und schon gar nicht unter Bedingungen der Unterdrückung, in denen viele Personen dank der Tatsache überleben konnten, dass sie sich zum Beispiel als «Homosexuelle» wiedererkannt haben, um gemeinsam eine Zitadelle des Widerstands zu errichten, von der aus sie gemeinsam den feindlichen Kräften die Stirn bieten konnten.

Es gibt immer noch viele Menschen, die es eine zu große Überwindung gekostet hat, sich als homosexuell anzuerkennen, darauf stolz zu sein und von da aus ein glückliches Leben aufzubauen, als dass jetzt die Philosophen kommen und es missbilligen, statt sich zivilisiert und behutsam zu verhalten und die Leute in Ruhe zu lassen. Wenn jemand mit «gemäßigter Identität» ein Interesse daran zeigt, sie zu dekonstruieren, dann soll er jede nötige Unterstützung erhalten, um ihm diese Aufgabe zu erleichtern. Aber wenn er es im Gegenteil vorzieht, einfach sein Leben in einer Wabe zu genießen, was niemandem weh tut, scheint es vernünftig, sozusagen sein Recht auf die Unantastbarkeit der Wohnung zu respektieren. Niemand darf seine Nase ohne Zustimmung in ein fremdes Zuhause stecken (wir werden uns nicht für so modern halten, dass wir am Ende Rechte anfechten, die zumindest seit der Französischen Revolution nicht mehr in Frage gestellt werden dürfen).

Andererseits, wenn man sich nicht direkt gegen die existierenden Kästchen stellt und sich gleichzeitig darum bemüht, dass alle Arten von neuen Kästchen sich ungehindert vermehren, führt das, wie gesagt, zum selben Ergebnis. Der Bau neuer Kästchen (L, G, T, B, Q, I …) neigt unweigerlich dazu, außer Kontrolle zu geraten. Allein die Existenz des Kästchens Q bezeichnet ein ganzes Aktionsprogramm, das, nachdem das Fest einmal begonnen hat, von niemandem mehr gestoppt werden kann (unter anderem deshalb, weil es ein – geistig – gesundes und unterhaltsames Fest ist).

Aber so sehr man sich auch für die zweite Möglichkeit einsetzt (die Kästchen beizubehalten und auf ihre Vermehrung zu setzen), stößt diese Strategie doch an dieselbe Grenze wie die erste Möglichkeit: an die des Willens der einzelnen Personen, sich selbst so zu identifizieren, wie sie es in einer freiheitlichen Ordnung für angemessen halten. Tatsächlich hätte es wenig Sinn, wenn neue Architekten für fabelhafte Kästchen sich dem Bau von Behausungen widmeten, in denen niemand wohnen will. Wenn unter Bedingungen der Freiheit die Menschen auf die Idee kämen, in neue Wohnungen zu ziehen, könnte diese Tendenz im Extremfall dazu führen, so viele Kästchen zu erschaffen, wie Personen existieren (in diesem Fall wäre das Ergebnis genau dasselbe, wie das in der ersten Möglichkeit angestrebte). Doch am wahrscheinlichsten ist, dass das Ergebnis zu einer begrenzten Zahl von Kästchen führt, die es uns allen mehr oder weniger ermöglicht, ohne größere Konflikte einen eigenen Platz zu finden. Letzten Endes finden es die Menschen nicht sehr lustig, keine Möglichkeit mehr zu haben, miteinander zu reden (was geschieht, wenn man jedem einzelnen Fall einen eigenen Namen zuweisen will). Diese Grenze wird kein Zerstörer alter Formen überwinden können und auch kein Erbauer neuer Formen, solange wir Menschen die Absicht aufrechterhalten, weiterhin menschlich (sogar allzu menschlich) zu bleiben.

Das Ende der Heterosexualität

Die Zukunft der Heterosexualität ist ungewiss. Zweifellos wird es, egal was passiert, weiterhin Männer geben, die sich von Frauen angezogen fühlen, und andersherum auch. Aber nicht das ist Heterosexualität. Oder zumindest nicht nur das. Die Heterosexualität ist ein umfangreicheres Programm von Grundeinstellungen und Verhaltensweisen, Gewohnheiten, Praktiken und Regulierungen, das die Tradition dem Eckpfeiler, den der Sex zwischen Männern und Frauen darstellt, nach und nach mit einem hartnäckigen Kleber hinzugefügt hat.

Dieses Element als Eckpfeiler zu begreifen, ist unvermeidlich in Gesellschaften, die vor allem um die bloße biologische Fortpflanzung besorgt sind (denn das ist natürlich das Element, über das die Fortpflanzung als Spezies gewährleistet wird). Doch die Notwendigkeit, nur wie Tiere zu vögeln, besteht für uns nicht mehr; schon gar nicht in einer Welt, in der weiterhin eine zu hohe, nicht eine zu niedrige Geburtenrate das Problem ist (sofern man die Welt mit einer gewissen Offenheit und Weitsicht betrachtet und unter «Welt» nicht unser überaltertes Volk versteht).

Es naht also das Ende der fixen Idee, die mit der Errichtung von Gerüsten um diesen Kern herum das Leben der Menschen bis in die kleinsten Einzelheiten zu regulieren sucht, und damit auch das Ende der Heterosexualität, wie wir sie kennen.

Wenn diese Wabe zerbricht, wird sichtbar werden, dass die «Heterosexualität» wie besessen bis ins letzte Detail das

Leben der armen Heterosexuellen kontrollierte, ohne dass sie es merkten. Den besten Beweis dafür wird man erhalten, wenn man beobachtet, wie viele Einzelheiten in ihrem Leben sich verändern, die sie früher als natürlich, spontan, frei und unvermeidlich ansahen.

Nehmen wir nur zwei Beispiele: Die Auswahl des Partners und den Konsum von Prostitution. Bei der Partnerwahl wird das Privileg enden, wonach die Männer nur «interessant» zu wirken brauchen, um attraktiv zu sein. Noch können unzählige Intellektuelle, Künstler, Dichter, Unternehmer, Politiker, Schriftsteller, Männer mit finanziellem oder symbolischem Erfolg hässlich, körperliche Wracks, verwahrlost und zerzaust sein und dennoch viele Frauen sexuell anziehen, weil sie «interessant» sind. Umgekehrt jedoch ist dieses Phänomen praktisch undenkbar: Eine Frau kann die beste Wissenschaftlerin der Welt sein und Entdeckungen machen, die zu einer besseren Zukunft der Menschheit beitragen, dennoch werden diese Reize schwerlich ausreichen, um junge, schöne Männer zu verführen. Dieses Luxusprivileg der Männer geht seinem Ende entgegen.

Es ist nicht einfach zu sagen, in welche Richtung genau sich die Veränderungen entwickeln werden, aber in jedem Fall wird es eine Zukunft mit mehr Gleichheit: Möglicherweise hält die Zukunft eine Welt für uns bereit, in der auch den Frauen die Intelligenz genügt, um männliche Körper zu verführen. Allerdings vermute ich, dass die Zukunft mehr der heutigen homosexuellen Realität ähneln wird: Uns Schwulen genügt es nicht, intelligent oder interessant zu sein (so intelligent und interessant wir auch sein können). Von uns verlangt man immer, dass wir auch unsere Körper einbeziehen, was ja auch logisch ist. Man kann sich nicht (oder soll sich nicht) gehen lassen, so intelligent man auch sein mag; man kann nicht zulassen, dass der Körper immer mehr Fett ansetzt oder das Haar wie Unkraut wuchert (es sei denn, das diente der Auslösung eines besonderen Reizes), und dies mit genialen Gedichten auszugleichen suchen. Nicht dass wir etwas gegen geniale Gedichte haben. Sie erscheinen uns nur nicht unvereinbar mit der Pflege des Körpers.

Dasselbe passiert bei den Lesben. Es ist nicht leicht, lesbische Frauen zu finden, deren Verführungsstrategie darauf beruht, ein verlockendes Stück Fleisch zu sein. Zum einen deshalb, weil es darum geht, eine andere Frau zu verführen, und Frauen, die so simpel sind, dass sie sich von wohlgeformten Stücken Fleisch verführen lassen, sind selten. Männer sind es hingegen nicht (tatsächlich pflegen wir so simpel zu sein), aber da wir versuchen, andere Männer zu verführen, können wir ihnen nicht so leicht weismachen, dass wir interessant sind, und deshalb auch nicht darauf verzichten, den Körper ein wenig zu pflegen (auch wenn wir die andere Front nicht aufgeben). Andererseits wissen die Lesben, dass sie, da sie Frauen verführen müssen, ihre Strategie nicht darauf beschränken können, einen schönen Körper zu haben (auch wenn auch sie diese Front nicht aufgeben).

In diesem Sinn sind wir Verkünder einer gleichberechtigten Zukunft: einer Welt, in der es mehr Männer geben wird, die sich in Frauen ihrer Intelligenz wegen verlieben, junge, schöne Männer, die stolz darauf sind, Lebensgefährte einer großen Wissenschaftlerin zu sein; einer Zukunft, in der es mehr Frauen geben wird, die von den Männern verlangen, dass sie ein wenig Sport treiben oder zumindest die Haare von ihrem Rücken entfernen, bevor sie ihnen ihre Gedichte vorlesen; einer Welt, in der die Altersunterschiede sich in alle Richtungen auswirken können, ohne dass man auf konstante Verhaltensmuster in der Verteilung zwischen Männern und Frauen stößt.

In ähnlicher Weise könnten wir uns fragen, wie wohl die Prostitution in einer freieren Welt funktionieren wird, und erneut steht zu vermuten, dass sie ähnlich funktionieren wird wie heutzutage in der Welt der Schwulen. Was wäre von einer wirklich freien Welt zu erwarten? Wie hätte man sich das Leben in einer Welt vorzustellen, die es weitgehend geschafft hat, sich von den Zwängen der Natur wie auch aus der Unterdrückung durch das Patriarchat zu befreien?

Sicher ist wohl nur, dass die Kluft zwischen Männern und Frauen, was den Konsum von Prostitution betrifft, nicht von Bestand wäre. Aber in welche Richtung würde sich die Lücke schließen? Glauben wir, dass der Konsum seitens der Männer zurückgehen würde, oder eher, dass der Konsum seitens der Frauen zunehmen würde? Ehrlich gesagt, ich habe keinen Zweifel daran, in welche Richtung sich die Dinge entwickeln würden. Und vermutlich werden die meisten Schwulen meine Meinung teilen. Ich stelle mir eine Welt vor, in der die älteren Frauen befreit genug wären (und eine ausreichend hohe Rente zur Verfügung hätten), um jeden Monat etwas Geld beiseitelegen und es ab und zu für einen tollen Stricher ausgeben zu können, der sie beglücken würde. Jeder lässt sich gern verwöhnen, und es gibt Vergnügen, die der gute Gatte irgendwann nicht mehr bieten kann. Eine freiere Welt würde wohl auch den Konsum seitens der Männer ein wenig reduzieren, aber vor allem würde der Konsum seitens der Frauen steigen, denke ich. Sex ist ein Grundbedürfnis. Und es gibt objektive Bedingungen, die seine Befriedigung erschweren. Personen mit einer Behinderung zum Beispiel stehen vor einer besonderen Schwierigkeit, Zugang zu Sex zu bekommen, für die man Lösungen finden muss. Auch die alten Leute haben ein Recht darauf, möglichst guten Sex zu haben. Das Unrecht und die Unterdrückung, die die heterosexuellen Männer den Frauen zugefügt haben, sind so extrem, dass es vielleicht angebracht ist, die Vorwürfe gegen ältere Männer, die junge Frauen suchen, aufrechtzuerhalten (und zu intensivieren). Indessen erfüllt die Vorstellung, dass eine alte Frau die Dienste eines kräftigen Burschen in Anspruch nimmt, die Seele mit Bewunderung und Achtung, wie jeder heldenhafte Akt der Freiheit. Auch hier sind wir Schwulen die Verkünder der Zukunft.

Ich könnte fortfahren mit Beispielen, die das Auto, das Saubermachen, die Versorgung der Kinder und der Alten oder die Einkünfte eines Haushalts betreffen, aber diese zwei Beispiele mögen genügen, um zu verstehen, in welchem Sinn ich behaupte, dass die Tage der Heterosexualität, wie wir sie kennen, gezählt sind.

Wenn eines Tages die Heterosexualität verschwindet, dann werden auch wir unsere Identität beiseite lassen (denn schließlich ist sie nicht mehr als Unterminierungsarbeit). An dem Tag können wir alle auf die Straße gehen und uns gegenseitig als (teils bessere, teils schlechtere, aber allesamt einzigartige und unwiederholbare) Menschen anerkennen. Doch solange dieser Tag nicht gekommen ist, behalten wir die Identität des Widerstands (und das kollektive Engagement für unsere Gleichstellung).

Was tun?

Es ist leicht zu erahnen, welchen gewaltigen Fortschritt wir Homosexuellen in die Welt bringen. Solange dies nicht ganz und gar verstanden wird (und wir es nicht schaffen, die Landkarten des Thanatos zu ändern), sind wir weiterhin Opfer von Verfolgung und Belästigung. Wenn die Menschheit irgendwann begreift, welchen Beitrag wir für die Freiheit aller leisten können, dann wird man uns vielleicht Zuschüsse zahlen, damit wir uns in ländlichen Gegenden niederlassen, wird vielleicht Denkmäler für die Helden und Heldinnen errichten, die die Vorhut dieser Bewegung waren (Denkmäler, die die Generäle zu Ross ersetzen werden, die unsere Jugendlichen in den Krieg schickten anstatt in die Liebe), und natürlich wird man diesen Botschaftern der Menschheit, die wir LGTBQIH-Menschen sind, freien Zugang zur Welt garantieren.

Doch bis es dazu kommt, gibt es noch einiges zu tun. Erstens, denen Asyl gewähren, die in ihren Ländern aus diesem Grund verfolgt werden. Jeder Vertreter der Menschenrechte müsste es als seine vorrangige Aufgabe betrachten, dass die

Verfolgung wegen sexueller Orientierung in die Gründe für Asyl aufgenommen wird. Wie die wegen ihrer Ethnie, Religion oder Ideologie Verfolgten werden diese Menschen aus Gründen verfolgt, die jedes vernunftbegabte Wesen anwidern sollten.

Es wäre auch empfehlenswert (allein aus Gründen der staatsbürgerlichen Würde), dass die Länder, die die Homosexuellen zum Tod verurteilen, den einen oder anderen Ausdruck der Missbilligung in unseren Auslandsbeziehungen zu spüren bekämen (was ihnen zumindest ermöglichen würde, den Unterschied zwischen Achtung und Nichtachtung der Menschenrechte wahrzunehmen). Die Beziehung des Königreichs Spanien zu Saudi-Arabien etwa ist eine permanente Beleidigung für alle und jeden einzelnen Spanier in unserem Verständnis als Staatsbürger.

Aber vergessen wir nicht, vor unserer eigenen Tür zu kehren. Wie gesagt, ich bin sicher, dass der Tag kommen wird, an dem die Reiterstatuen mit blutrünstigen Generälen durch Statuen von Schwulen und Lesben ersetzt werden, die die ersten Schritte auf unserem langen Marsch taten. Aber im Moment genügt es uns beinahe, wenn sie mit Blick auf das geschichtliche Bewusstsein endlich ihre makabren Scherze beenden würden: zum Beispiel erniedrigende Almosen für die Opfer, die wegen ihrer Sexualität inhaftiert wurden und jetzt erneut gestraft werden, wenn die Kirche sie in den von ihr verwalteten Altenheimen in die Unsichtbarkeit zurückstößt. Wir schulden ihnen viel und können dies nicht zulassen.

Auch auf unsere Schulen können wir heute nicht stolz

sein, was den Schutz der Vielfalt anbelangt. Bullying ist weiterhin ein sehr ernstes Problem. Wenn nicht so viele Eltern sich ihrer homosexuellen Kinder schämen würden, dann könnten wir vielleicht in Erfahrung bringen, wie viele Selbstmorde von Kindern und Jugendlichen ihre Ursache im Hass auf Vielfalt haben. Und wenn wir das wüssten, würden wir möglicherweise vor Scham im Boden versinken. Es zeugt von einer widerwärtigen Scheinheiligkeit, wenn die, die behaupten, um Jugendliche und Kinder besorgt zu sein, sich gegenüber den Torturen, die tausende Jugendliche täglich in den Schulen erdulden, gleichgültig zeigen. Eine Freundin wies mich auf einen schaurigen Widerspruch hin: Die Gesichter von Kindern, die im Krieg ermordet wurden (oder bei dem Versuch, nach Spanien zu gelangen, ums Leben kamen), werden auf Fotos unkenntlich gemacht, um ihre Identität zu schützen. Es wurde nichts unternommen, um ihr Leben zu retten, aber es gibt Leute, die es befriedigt zu versuchen, ihr Bild zu retten. Jene, die lautstark die Betreuung der Kinder fordern, aber nichts tun, um die Qualen des Mobbings in der Schule zu beenden, rufen einen ähnlichen Schauder hervor.

Wir müssen auch nicht den Triumph der kosmopolitischen Weltrepublik oder die Vereinigung der Menschheit im Sozialismus abwarten, um zu fordern, dass eine mutige Regierung etwas gegen den Missbrauch von Medikamenten unternimmt. Bisher hat man es zugelassen, dass mit den HIV-Therapien unheimliche Gewinne erzielt wurden. Es geht nicht darum, die Industrie außer Betrieb zu setzen, aber es kann nicht geduldet werden, dass Großunternehmen obszöne Gewinne machen, während das von den Bürgern errungene Recht auf eine funktionierende Gesundheitsversorgung beschnitten wird. Hinzu kommt, dass ein Großteil der Forschungsgelder aus öffentlichen Mitteln finanziert wird (angefangen bei den Forschern selber, die im Allgemeinen an öffentlichen Universitäten mit den Steuergeldern aller ausgebildet werden).

Auch auf dem Gebiet der Gesetzgebung gibt es weiterhin Lücken, die zum Himmel schreien und unverzüglich geschlossen werden müssten. Es ist kaum zu glauben, dass bis heute ein in ganz Spanien gültiges Einheitliches Transsexuellengesetz fehlt, wie auch ein Gesetz für die Rechte der LGTBI-Personen und gegen LGTBI-Feindlichkeit, das wirksam gegen Mobbing, Diskriminierung am Arbeitsplatz oder gegen das Fehlen von Polizeiprotokollen vorgehen könnte, um mit diesen Hassdelikten Schluss zu machen.

Es geht in diesem Buch sicher nicht darum, eine systematische Liste der elementarsten Forderungen zu präsentieren, die wir als Kollektiv erheben. Doch der Hinweis muss sein, dass diese Forderungen noch immer grundlegende und offensichtliche Probleme benennen, deren Lösung auch heute noch von Kollektiven eingefordert wird, die beispielhaft dafür kämpfen. Diesen Männern und Frauen haben wir viel zu verdanken und werden ihnen in Zukunft immer mehr schulden: COGAM, Plataforma LGTBIcat, Arcópoli, Observatorio contra la Homofobia, Plataforma Unitària d'ONG-SIDA de Catalunya, Fundación 26 de Diciembre, Imagina+, Apoyo Positivo, Chrysallis, Red por la Despatologización de las Identidades Trans del Estado Español, Club deportivo Halegatos, Plataforma 28J, LGTBQ+ Carlos III, Hetaira, Extremadura Entiende, Colectivo Agrogay en Galiza, ATA und alle möglichen namenlosen Gruppierungen unter vielen anderen Kollektiven sind nur einige der würdigsten Beispiele. Von hier aus meinen aufrichtigsten Dank.

Anmerkungen

1 Auf den im Deutschen leeren Begriff «Essenz[ialität]» wurde bewusst verzichtet, stattdessen wird «escenia/s» mit «fixierte» bzw. «festgelegte Wesenhaftigkeit/en» wiedergegeben. *(Anm. d. Ü.)*

2 Endnote zur Erleichterung der Arbeit zukünftiger Archäologen: Noch zu der Zeit, in der ich schreibe (2017), wollen gewisse Leute nicht verstehen, dass auf der einen Seite die fanatische Vereinbarung, uns allen ausnahmslos dasselbe Beziehungsmodell in Liebe und Sexualität aufzuzwingen, und auf der anderen Seite unser Engagement für die Freiheit nicht einfach zwei gleichwertige ideologische Alternativen nur mit umgekehrten Vorzeichen darstellen. Unser Engagement für die Freiheit richtet sich in keiner Weise gegen die Existenz von Familien, die aus einem Vater, einer Mutter, einem Sohn und einer Taube bestehen, wohingegen das Foro de la Familia uns tatsächlich die Existenzberechtigung abspricht. Damit daraus zwei gleichwertige Alternativen nur mit umgekehrten Vorzeichen werden können, müssten wir zum Beispiel verlangen, dass es zur gesetzlichen Pflicht wird, im Sex alles auszuprobieren; und das hat, soweit ich weiß, noch niemand vorgeschlagen. Wenn zukünftige Generationen dies einmal lesen, werden von dem Gedankengut dieser Leute sicher nur noch unkenntliche Ruinen übrig sein. In jedem Fall bergen Sie dann bitte diese Reste, damit der Grad an Blödheit oder Böswilligkeit festgehalten werden kann, dessen wir Menschen fähig gewesen sind.

3 Ich greife hier zurück auf mein Buch *El lugar de los poetas*, Luis Alegre Zahonero, Madrid, Akal, 2017, S. 386 ff.

4 Sigmund Freud: Das Unbehagen in der Religion [1930]. Studienausgabe Band IX Fragen der Gesellschaft – Ursprünge der Religion, Frankfurt am Main 1974, S. 232.

5 Simone de Beauvoir, *Das andere Geschlecht. Sitte und Sexus der Frau.* Aus dem Französischen von Uli Aumüller und Grete Osterwald. Rowohlt Taschenbuch, Reinbek 1992.

6 Span. matrimonio von lat. mater (Mutter). *(Anm. d. Ü.)*

7 Span. patrimonio von lat. pater (Vater). *(Anm. d. Ü.)*

8 Das mit der «nicht einvernehmlichen Vergewaltigung» mag redundant erscheinen, aber das ist es nicht. Vergewaltigungsphantasien hat es bei den Menschen immer gegeben. Allerdings bedeutet die Tatsache, dass jemand begehren kann, vergewaltigt zu werden, natürlich nicht, dass es jedem Vergewaltiger in jeder beliebigen Situation erlaubt ist. Eine Sache ist es, vergewaltigt zu werden, eine ganz andere, auf das Recht zu verzichten, selbst zu bestimmen, von wem, wo, wann und wie (indem man Fiktion und Spiel auf das Notwendigste beschränkt).

9 Zu diesem Thema empfehle ich das Buch von Iván Zaro *La difícil vida fácil. Doce testimonios sobre prostitución masculina (Das schwierige einfache Leben. Zwölf Zeugnisse über männliche Prostitution)*, Madrid, Punto de Vista Editores, 2016.

10 Sigmund Freud: Die Zukunft einer Illusion [1927]. Studienausgabe Band IX Fragen der Gesellschaft – Ursprünge der Religion, Frankfurt am Main 1974, S. 176.

11 Bertrand Russell: Eroberung des Glücks – Neue Wege zu einer besseren Lebensgestaltung. Aus dem Englischen von Magda Kahn, Frankfurt am Main 1978, S. 74.

12 Sigmund Freud: Der Mann Moses und die monotheistische Religion: Drei Abhandlungen [1939]. Studienausgabe Band IX Fragen der Gesellschaft – Ursprünge der Religion, Frankfurt am Main 1974, S. 567.

13 Immanuel Kant: Über den Gemeinspruch: Das mag in der Theorie richtig sein, taugt aber nicht für die Praxis [1793]. Werkausgabe Band XI Schriften zur Anthropologie, Geschichtsphilosophie, Politik und Pädagogik 1, Frankfurt am Main 1964, S. 145.

14 Carlos Fernández Liria, *En defensa del populismo*, Madrid, Catarata, 2016, S. 217–218.

15 Ebd., S. 218

16 Dieses Thema behandele ich ausführlich in dem Buch *El lugar de los poetas*, Madrid, Akal, 2017.

17 Als erhellend erweist sich hierzu die Studie über konkrete Fälle, die Erik Graterol derzeit durchführt.

18 Sigmund Freud: Der Dichter und das Phantasieren [1908]. Studienausgabe Band X Bildende Kunst und Literatur, Frankfurt am Main 1972, S. 171.

19 Sigmund Freud: Das ökonomische Problem des Masochismus [1924]. Studienausgabe Band III Psychologie des Unbewussten, Frankfurt am Main 1975, S. 353 f.

20 Dies ist, nebenbei gesagt, einer der Gründe, weshalb die staatlichen Schulen, in denen die Kinder von klein auf mit allen Unterschieden zusammenleben müssen, eine unverzichtbare Errungenschaft sind. Derzeit sehen wir uns mit bestimmten fanatischen Positionen konfrontiert, die diese Errungenschaft rückgängig zu machen suchen, im Namen eines angeblichen höheren Gutes: des «Rechts» der Eltern, über die Erziehung ihrer Kinder zu bestimmen. In Wirklichkeit besteht dieses angebliche «Recht» nur darin, den Kindern das Recht abzusprechen, sich aus der Diktatur der von den Eltern gelegten Gleise zu befreien. Das Zusammenleben, schon während der Kindheit, mit allen möglichen Unterschieden, ermöglicht ihnen ja gerade, sich mit mehr Freiheit ihre eigene Identität aufzubauen.

21 Eine spanische Bürgervereinigung, die die traditionelle Familie verteidigt und die gleichgeschlechtliche Ehe ablehnt. *(Anm. d. Ü.)*

22 Partido Popular, die stärkste rechtskonservative Partei Spaniens. *(Anm. d. Ü.)*

23 Plutarch, «Vom Glück, oder von der Tapferkeit Alexanders»; *Plutarchs moralische Abhandlungen*. Übers. von Johann Friedrich Salomon Kaltwasser. 9 Bände. Johann Christian Hermann, Frankfurt am Main 1783–1800, Bd. 3.

24 Tatsächlich besteht sogar innerhalb der Ärzteschaft, die eine Entfernung der Transsexualität aus den Listen der WHO ablehnt, ein

gewaltiger Unterschied zwischen denen, die ihrer Transphobie gehorchen, und denen, die von edlen Motiven geleitet werden: zum Beispiel von dem Problem, dass weltweit ein Großteil der staatlichen Gesundheitssysteme nur Behandlungen solcher Krankheiten bezahlt, die in diesen Listen aufgeführt sind.

25 Interview mit Judith Butler: «Die Kategorien sagen uns mehr über das Bedürfnis, die Körper zu kategorisieren, als über die Körper selbst», S. 69–70.

26 Michel Foucault, *Herculine Barbin, dite Alexina B.*, Éditions Gallimard, Paris 2014, S. 150.

27 Bertín Osborne ist ein spanischer Schlagersänger, Moderator, TV-Star, Unternehmer und Schauspieler. Für den Autor gehört er zu den «Hütern der fixierten Wesenhaftigkeiten». *(Anm. d. Ü.)*

Aus dem Verlagsprogramm

Leben und Gesellschaft

Hannah Fry

Hello World

Was Algorithmen können und wie sie unser Leben verändern

Aus dem Englischen von Sigrid Schmid

2019. 272 Seiten mit 9 Abbildungen. Gebunden

Yuval Noah Harari

21 Lektionen für das 21. Jahrhundert

Aus dem Englischen von Andreas Wirthensohn

7. Auflage. 2018. 459 Seiten mit einer Abbildung. Gebunden

Isabella Guanzini

Zärtlichkeit

Eine Philosophie der sanften Macht

Aus dem Italienischen von Grit Fröhlich und Ruth Karzel

2019. 220 Seiten. Gebunden

Marc Augé

Das Glück des Augenblicks

Liebeserklärung an den Moment

Aus dem Französischen von Michael Bischoff

2019. 144 Seiten. Gebunden

Otfried Höffe

Die hohe Kunst des Alterns

Kleine Philosophie des guten Lebens

3. Auflage. 2018. 187 Seiten. Gebunden